숙어 1000개를 5일에 끝낸다

토익시험에 잘 나오는 idiom 1000

Koike Naomi

제이플러스

| 저자 | 小池直己 Koike Naomi

일본 도치기 현에서 태어남. 일본 히로시마대학 대학원 수료. 가와이 학원, 요요기 제미날, 동진 하이스쿨 강사를 거쳐 대동문화대학 외국어학부 조교수, 입교대학 강사. 입시학원에서 폭발적인 인기를 얻게 된 《코이케 영어》는 참고서로도 출판되어 중판을 거듭하였고 수험생들에게 대호평을 얻었다. 1991년부터 1년 동안 캘리포니아대학 로스엔젤레스 캠퍼스(UCLA)의 객원연구원으로 체재한 바 있다.

저서로는 《이것만 기억하면 충분하다고 단언할 수 있는 영어 단어 2247》(實業之日本社), 《영문법을 5일간에 공략하는 책》(PHP연구소), 《TOEIC에 나오는 영어 단어 1740개를 쉽게 암기해 버리는 책》(朝日出版社) 등 140권 정도가 있다.

숙어 1000개를 5일에 끝낸다

토익시험에 잘 나오는 idiom 1000

초판발행 2005년 8월 20일
2쇄발행 2006년 2월 25일

저자　　小池直己(Koike Naomi)
발행인　이기선
발행처　제이플러스
　　　　　121-824 서울시 마포구 망원동 438-22 3F
전화　　02-332-8320　**팩스** 02-332-8321
홈페이지 www.jplus114.com
등록번호 제10-1680호
등록일자 1998년 12월 9일

ISBN 89-88701-85-2
Copyright © 2005 Koike Naomi
Printed in Korea

값 6,800원

*파본은 구입하신 서점이나 본사에서 바꾸어 드립니다.

영국의 언어학자 옥덴은 영어를 모국어로 하지 않는 사람이 의사소통을 하는데 필요한 단어는 명사 600개, 형용사 150개, 기본 동사 18개, 전치사 24개라고 했습니다. 명사와 형용사는 이미 중학교와 고등학교에서 배운 것으로 충분하다고 생각되지만 중요한 것은 기본 동사와 전치사의 사용법입니다.

get, have, take, do, make과 같은 기본 동사는 쉽고 간단한 것처럼 보이지만 다양한 뜻을 가진 동사이므로, 기본적인 이미지를 항상 머리 속에 그릴 수 있어야 합니다. 전치사는 방향과 위치의 개념을 나타낼 때 중요한 역할을 하고 또한 기본 동사와 함께 여러 가지 의미를 표현할 수 있습니다. put out, put off 등이 그 예입니다. 이 책에서는 특히 중요하다고 생각되는 기본 동사 11개와 전치사 9개를 처음 3일간(월, 화, 수) 집중적으로 익히도록 구성했습니다. 이

단계에서 일상회화의 80%가 가능하다고 해도 과언이 아닐 것입니다. 이번 기회에 여기에 나온 기본 동사와 전치사를 중점적으로 익혀 둔다면 영어 의사소통 능력이 비약적으로 상승할 것이라고 생각합니다.

또한 이 책에서 다룬 영어회화 숙어 1,000개는 50개의 단어를 중심으로 해서 체계적으로 기억할 수 있도록 구성했기 때문에 이 숙어들을 예문과 같이 익히면 일상회화뿐만 아니라 상담과 토론, 연설도 쉽게 할 수 있게 됩니다.

책 끝에는 색인을 실어 검색 및 익힌 단어를 정리, 확인하고 머리 속에 확실히 기억하는 데 도움이 되도록 하였습니다.

이 책을 활용하여 단기간에 효율적으로 영어 의사소통 능력을 길러 토익 시험 700점 레벨에 도전할 수 있기를 바랍니다.

특히 중요하다고 생각되는 영어회화 숙어는 색자로 구분해 놓았으므로 예문과 함께 우선적으로 공부해도 좋습니다.

출근이나 등교 할 때 등의 자투리 시간을 최대한 살려서 승리의 면류관을 쟁취하실 수 있기를 기원합니다.

Koike Naomi

영어회화 숙어란 영어 특유의 정해진 표현이고 관용적으로 사용되는 말입니다. 어느 언어에나 숙어가 있지만 영어의 경우에는 일상 회화에서 특히 빈번하게 사용되는 경향이 있습니다.

토익 시험은 일상적인 실용영어를 중시하는 경향이 있으므로 아무리 어려운 단어를 많이 알고 있어도 숙어를 모르면 어떻게 해볼 도리가 없습니다. 즉 단기간에 확실하게 토익 점수를 올리고 700점 라인을 돌파하기 위해서는 리스닝 문제와 문법 문제에 자주 나오는 영어회화 숙어를 정복하는 것이 필요합니다.

일상생활에서 회화를 하는 경우에 중심이 되는 것도 영어회화 숙어의 지식과 응용력입니다. 문법, 구문, 단어 지식이 아무리 많아도 숙어의 지식과 상황에 따른 응용력이 없으면 일정한 레벨의 의사소통은 불가능하게 됩니다.

일상회화에 필요한 숙어와 토익 시험에 출제되는 숙어의 레벨에는 일정한 한계가 있지만 자주 나오는 것은 1,000개 전후입니다. 따라서 이 책을 활용해서 1,000개의 숙어를 자유롭게 사용할 수 있게 되면 토익 시험 700점 레벨의 안정된 득점은 확보할 수 있을 것입니다.

영어회화 숙어를 단기간에 효과적으로 마스터하기 위해서는 다음과 같은 점에 특히 주의해야 합니다.

1 모든 감각을 이용한다

숙어를 암기할 때는 반드시 소리내어 발음해야 합니다. 눈으로뿐만 아니라 입으로 말하고 귀로 들어야 더욱 확실하게 기억할 수 있습니다. 또한 예문과 함께 기억해야 합니다. 예문과 함께 암기하지 않으면 외웠다고 생각되더라도 바로 잊어버리게 되므로 자유롭게 사용할 수 없게 됩니다.

2 단기간에 집중하는 방식으로 외운다

토익 문제집이나 참고서를 볼 때에는 매일 시간을 정해서 꾸준히 해야 하지만, 숙어를 암기하는 경우에는 짧은 시간 집중적으로 하는 것이 더 효과적입니다. 하루에 한 시간 약 200개의 숙어를 월요일부터 금요일까지 5일 동안 완성하고, 이것을 예문을 통해 반복하는 이 책의 방식은 영어회화 숙어를 효과적으로 암기하는 최적의 방법이라고 할 수 있습니다.

3 자투리 시간을 이용한다

숙어를 암기할 때는 지하철이나 기다리는 시간 등의 자투리 시간을 이용하는 것이 좋습니다. 시간이 날 때마다 꺼내보며 반복해서 외우세요.

4 머리의 유연성과 융통성을 살리는 것이 중요하다

이 책은 어디까지나 토익 시험 700점 레벨을 돌파하는 데 필요한 최소한의 영어회화 숙어를 선정하여 원칙적으로 뜻 하나에 예문 하나를 달았습니다. 일반 숙어집에는 대표적인 뜻을 하나만 달아놓는 경우가 많은데, 그 뜻만 기계적으로 암기하면 시험문제나 일상회화에서 그 뜻에 얽매여 보다 다양한 뜻을 유추하기가 어려워집니다. 따라서 대표적인 의미는 기억하되 거기에 너무 얽매이지 말고 문장의 전후관계를 살펴 적절한 의미를 유추하고, 자신이 알고 있는 지식을 활용하여 상황에 따른 적절한 표현을 생각해낼 수 있는 습관을 들이는 것이 중요합니다.

1 5일에 끝내는 프로그램

표준 페이스로 5일에 끝내는 프로그램으로 되어 있습니다. 각자
의 능력에 따라 10일에 마스터할 수도 있고 하루에 해도 전혀
상관없습니다.

2 하루에 약 200개의 영어회화 숙어 속성 마스터

하루 분량이 약 200개이므로 이동하거나 기다리는 자투리 시간
을 잘 활용해서 그날에 마스터해야 할 숙어를 암기하십시오.

3 알파벳 순으로 정리한 색인

책 끝에는 알파벳 순으로 정리한 색인이 있습니다. 색인으로 활
용할 수 있을 뿐만 아니라, 외운 숙어를 하나하나 체크하며 확인
할 수 있습니다.

Monday

6개의 기본 동사로 기억하는
영어회화 idiom **220**

go

'가다', '진행하다', '움직이다', '죽다', '쇠약하다', '~이 되다' 등의 다의어이므로 go를 사용한 숙어도 다양하다. 「be going to+부정사」(~하려고 하고 있다)는

go a long way	크게 도움이 되다, 성공하다
go after	쫓아가다
go against	역행하다, 반(反)하다
go ahead ①	(사양하지 말고) 하세요
go ahead ②	(염려하지 말고) 계속 말씀하세요
go along with	잘 해 가다
go around ①	(모두에게) 돌아가다

미래형 조동사 대신 자주 사용된다는 것을 기억해 두자.

This dictionary **went a long way** toward writing letter in English.
이 사전은 영어로 편지를 쓸 때 아주 도움이 되었다.

He is **going after** the escaped prisoner.
그는 탈주범을 추적하고 있다.

It **went against** my will to do it.
그 일을 하는 것은 내 뜻에 반하는 것이었다.

"Can I use your car?" "Sure. **Go ahead.**"
"차 좀 써도 돼?" "물론이지. 써.(그렇게 해.)"

Go ahead and tell us what happened.
자 어서 무슨 일이 일어났는지 말해 봐.

I can't **go along with** him.
난 그 사람이랑 잘 해 갈 수가 없어.

Are there enough chairs to **go around**?
의자가 모두한테 돌아갈 만큼 충분히 있어요?

go around[about] ②　　　돌다

go around with　　　교제하다, 데이트하다

go astray　　　헤매다, 길을 잃다

go at　　　습격하다(덮치다)

go away　　　떠나다, 탈출하다

go back on　　　깨다, 철회하다

go by　　　지나가다

go down　　　(가격, 질 등이) 떨어지다

The moon **goes around** the earth.
달은 지구 주위를 돈다.

She **goes around with** Jim.
그녀는 짐과 교제한다.

We **went astray** in the woods.
우리는 숲 속에서 길을 잃었다.

He **went at** them with his fists.
그는 주먹으로 그들에게 덤볐다.

I **went away** on business.
나는 업무에서 벗어났다.

He often **goes back on** his words.
그는 자주 약속을 깬다.

A car **went by**.
차가 지나갔다.

Land values will never **go down**.
땅값은 절대 떨어지지 않을 것이다.

go Dutch	더치페이로 하다
go for	부르러 가다
go for a walk	산책하러 나가다
go from bad to worse	점점 더 악화되다
go in	(경기에) 참가하다
go in for	열중하다, 취미로 ~을 하다
go in with	제휴하다
go into	자세하게 살피다

You don't have to pay all, let's **go Dutch**.
네가 다 계산할 필요 없어, 각자 부담으로 하자구.

Shall I **go for** a doctor?
의사를 부르러 갈까요?(불러올까요?)

Jim and I are **going for a walk**.
짐과 나는 산책하러 갈거야.

Things **went from bad to worse**.
사태는 악화일로였다.

Go in and win!
잘 하고 와래!(가서 이겨라!)

He **goes in for** tennis.
그는 테니스에 빠져 있다.

The company A **went in with** the company B.
A사는 B사와 제휴했다.

I'll **go into** the problem later.
그 문제는 나중에 자세하게 알아봐야겠다.

go mad	열중해서
go off	발사되다, 폭발하다
go on a date	데이트하다
go on a diet	다이어트하다
go on with	계속하다
go out	한물가다(유행이 지나다)
go out of control	～이 안되다(제어불능)
go out of one's way (to)	일부러 ～하다

Now, I'm **going mad** to play the flute.
지금 나는 플루트 부는 것에 빠져 있다.

The gun **went off** while he was cleaning.
그가 청소를 하고 있는데, 총이 발사되었다.

Can I **go on a date** with Tom, Mom?
엄마, 톰이랑 데이트해도 돼?

She tried to **go on a diet** and lose five kilograms.
그녀는 다이어트로 5킬로그램 정도 빼려고 했다.

Go on with your work.
업무를 계속하세요.

Long hair has **gone out**.
긴 머리는 한물갔다.

The car **went out of control**.
차가 폭주했다.(과속으로 내달렸다.)

He **went out of his way to** help me.
그는 일부러 나를 도와 주러 왔다.(←나를 돕기 위해 자신의 길을 벗어났다.)

go over	잘 알아보다(찾아보다, 조사하다)
go so far as to	~라고까지 하다
go through	통과하다, 경험하다
go to extremes	극단으로 달리다
go together ①	양립하다
go together ②	어울리다
go too far	도가 지나치다
go with	조화를 이루다

I **went over** the report.
나는 보고서를 잘 살펴보았다.

He **went so far as to** call you a fool.
그는 너를 멍청이라고까지 말했어.

The law has **gone through** the Parliament.
그 법률은 의회를 통과했다.

Young guys tend to **go to extremes**.
젊은 사람은 극단으로 치닫기 쉽다.

It is difficult to **go together** study and club activity.
공부와 써클 활동[클럽 활동]을 양립하기는 어렵다.

The green shirt and brown tie don't **go together**.
그 녹색 셔츠랑 갈색 넥타이는 어울리지 않는다.

His joke **went too far.**
그의 농담은 도가 지나쳤다.

Red wine **goes with** meat.
적포도주는 고기와 잘 어울린다.

go without	~없이 가다
go wrong	고장나다

come 회화에서 말하는 사람 입장에서 보면 '오다', 듣는 사람 입장에서 보면 '가다'로 전혀 다르게 쓰인다. '지금 가요'는 coming!이라고 한다. '알게 되다'는 come to

come about	일어나다(닥치다)
come across	우연히 만나다
come after	쫓아가다
come again	돌아오다, 다시 말하다

He often **goes without** food for days.
그는 며칠씩이나 아무것도 먹지 않고 지내는 일이 자주 있다.

Something **went wrong** with the computer.
그 컴퓨터는 어딘가 고장이 났다.

know이고, become to know라고는 하지 않는다. come across(우연히 만나다), come down with(병이 걸리다), come on(자, 빨리) 등 다양한 숙어가 있다.

The accident **came about** at the very time.
그 사고는 하필 그때 일어났다.

I **came across** John yesterday.
나는 어제 우연히 존을 만났다.

He is **coming after** the thief with a bat.
그는 야구방망이를 들고 도둑을 쫓아가고 있다.

Come again?
뭐라구? 다시 말해 봐.

come around	돌아오다
come at	도달하다, 공격하다
come away	떠나다
come by	손에 넣다
come close to ~ing	하마터면 ~할 뻔하다
come down on	호통을 치다
come down to	결국 ~하게 되다
come down with	~병에 걸리다

My birthday **comes around** soon.
곧 내 생일이 돌아온다.

Just let me **come at** you!
내가 상대다!(내가 상대해 주지!)

Let's **come away** from this place.
여기를 떠나자!

This CD is hard to **come by**.
이 CD는 구하기가 어렵다.

He **came close to losing** an eye.
그는 하마터면 한쪽 눈을 실명할 뻔했다.

He **came down on** me for my child.
그는 아이 문제로 나를 심하게 비난했다.

He **came down to** stealing.
그는 결국 도둑질까지 하게 되었다.

All of my family members **came down with** measles.
가족 전체가 홍역에 걸렸다.

come for	마중 나오다
come forward	나타나다, (의견, 요구를) 말하다
come in	들어오다
come in[into] contact with	접촉하다
come in for	~을 받다, 수취하다
come in sight (of)	시계(視界)에 들어오다
come into existence	성립하다
come into one's mind	생각이 나다

Please **come for** me at the airport.
공항에 마중 나와 주세요.

She will **come forward** soon.
곧 그녀가 나타날 것이다.

Please **come in**.
어서 들어오세요.

You must not **come in[into] contact with** him.
너는 그와 접촉해서는 안 된다.

I'll **come in for** part of his fortune.
나는 그의 재산 일부를 받을 예정이다.

As we went around the corner, the lake **came in sight**.
모퉁이를 돌아가자, 호수가 눈에 들어왔다.

This law **came into existence** in 1924.
이 법률은 1924년에 제정되었다.

A good idea **came into my mind**.
나에게 좋은 생각이 떠올랐다.

come into use	사용할 수 있게 되다
come near ~ing	~할 뻔하다
come of	~ 출신이다
come of age	성년이 되다
come off	성공하다, 실행되다
come on	자, 빨리 빨리!
come out	나타나다
come over	찾아오다

The telephone first **came into use** in the 1870's.
전화는 1870년대에 처음으로 사용하게 되었다.

He **came near being** run over by a car.
그는 하마터면 차에 치일 뻔했다.

He **comes of** a good family.
그는 명문가 출신이다.

When did he **come of age**?
그는 언제 성년이 된 겁니까?

His attempt **came off**.
그의 시도는 성공했다.

Come on, don't cry.
자, 울지 마!

Stars **come out** at night.
별은 밤에 나타난다.

Jim **comes over** to my house every year.
짐은 매년 나의 집에 온다.

come to think of it	생각해 보면
come through	타개하다, 극복하다
come[go] through with	성공하다, 해내다
come to	의식을 회복하다
come to a head	시기가 무르익다, 정점에 달하다
come to an end	끝나다, 죽다
come to conclusion	결론에 도달하다
come to light	세상에 나오다

Came to think of it, I didn't have lunch today.
생각해 보니 오늘 점심을 먹지 않았다.

He managed to **come through** the situation.
그는 어떻게든 해서 그 사태를 타개했다.

You should **come through with** your promise.
약속은 반드시 지켜야 한다.

He **came to** by artificial respiration.
그는 인공호흡을 받고 의식을 회복했다.

The game has **come to a head**.
그 시합은 절정에 달했다.

The game **came to an end** at last.
그 시합은 드디어 끝났다.

The discussion **came to conclusion**.
토론은 결론에 도달했다.

His guilt **came to light**.
그의 범죄가 백일하에 드러났다.

come to pass ①	실현되다
come to pass ②	(사건이) 일어나다
come to terms with	화해하다
come true	실현되다
come under	(~의) 부류에 들어가다, 영향을 받다
come up	출세하다
come up against	직면하다, 부딪치다
come up with	따라가다

Someday your dream will **come to pass**.
언젠가 너의 꿈은 실현될 것이다.

Big events will **come to pass**.
큰 사건이 일어날 것이다.

I **came to terms with** my younger sister.
나는 누이동생과 화해했다.

I hope your wish will **come true** someday.
언젠가 당신의 희망이 실현되기를 바랍니다.

I often **come under** her influence.
나는 종종 그녀의 영향을 받고 있다.

He must **come up** quickly.
그는 빠르게 출세할 것이 틀림없다.

We **came up against** the problem.
우리는 그 문제에 직면했다.

You must study harder to **come up with** him.
그를 따라가려면 너는 더 열심히 공부해야 한다.

come upon

우연히 만나다

have

'가지고 있다' 뿐만 아니라 '소유하다' 라는 의미도 있지만, 그 외에 목적어 다음에 쓰여 '먹는다', '마시다', '경험하다', '즐기다' 등으로 의미가 다양하다. **have**를 잘

have ~ on one's mind

신경쓰다

have ~ out

(치아 등을) 빼다

have ~ over

끝나다

have ~ to oneself

자신의 것으로 갖다

have a big mouth

수다를 떨다, 잘 지껄이다

I **came upon** an old friend yesterday.
나는 어제 옛친구를 우연히 만났다.

사용할 수 있게 되면 영어 실력은 훨씬 향상된다.

I **have** his health **on my mind**.
나는 늘 그의 건강을 신경쓰고 있다.

I **had** a tooth **out**.
(나는) 이를 뽑았다.

We **had** the exam **over**.
시험이 끝났다.

To my surprise, the boy **has** a house **to himself**.
놀랍게도 소년은 자신의 집을 가지고 있었다.

She **has a big mouth**. She is not my type.
그녀는 수다쟁이이다. 내 취향이 아니다.

have a chat	한담하다, 담소하다
have a cold	감기에 걸리다
have a drop	술을 마시다
have a fine view of	잘 조망할 수 있다
have a good figure	스타일이 멋있다
have a good mind to	아주 많이 ~할 마음이 있다
have a good name for	평판이 좋다
have a good opinion of	높이 평가하다

I'm looking forward to **having a chat** with neighbors.

나는 이웃 사람들과 한담하는 것을 즐긴다.

He **has a cold**.

그는 감기에 걸렸다.

Let's **have a drop** tonight.

오늘 저녁에 술 한잔 하자!

This room **has a fine view of** the city.

이 방에서는 시내가 잘 보인다.

She **has a** very **good figure**.

그녀는 스타일이 아주 세련되었다(멋쟁이다).

I will **have a good mind to** spend a full school days.

나는 아주 충실한 학교 생활을 보내고 싶다.

She **has a good name for** reliability.

그녀는 신뢰할 수 있다는 평판을 받는다. ※ '평판이 나쁘다' 는 have a bad name for

He **has a good opinion of** the writer.

그는 그 작가를 높이 평가한다.

have a good time	즐거운 시간을 보내다
have a hard time	어려움을 당하다
have a look at	한번 보다
have a mind to	～할 마음이 있다
have a narrow escape	구사일생으로 살아나다
have a talent for	(～에 대한) 재능[능력]이 있다
have a wish for	～하고 싶은 생각이 있다
have an ear for	분별할 수 있는 힘이 있다

Have a good time!
좋은 시간 되세요!

He **had a hard time** when young.
그는 젊은 시절에 고생을 했다.

Please let me **have a look at** those pictures.
그 사진들 좀 보여 주세요.

I **have a mind to** live in New York.
나는 뉴욕에 살아보고 싶은 생각이 있다.

Have you ever **had a narrow escape**?
구사일생으로 살아난 적이 있습니까?

Tom **has a talent for** modern painting.
탐에게는 현대 회화를 감상할 수 있는 재능이 있다.

I **have a wish for** traveling.
나는 여행을 하고 싶다.

He **has an ear for** music.
그는 음악을 안다.(그는 음악을 들을 줄 안다.)

have an effect on	영향을 미치다
have an eye for	보는 눈이 있다
have an eye to	주목하고 있다, 야심이 있다
have charge of	보살피다, 시중들다
have difficulty	고생하다
have done with	끝내다
have every reason to	충분히 이유가 있다
have faith in	믿고 있다

The medicine **had an effect on** me.
그 약은 나에게 효과가 있었다.

He **has an eye for** a person.
그는 사람 보는 눈이 있다.

She **has an eye to** business.
그녀는 사업에 야망이 있다.

She **had charge of** the dogs.
그녀는 그 개들을 보살펴 주었다.

I didn't **have** much **difficulty** in learning German.
독일어를 배우는 데 큰 어려움은 없었다.

When you **have done with** the book, please lend it to me.
그 책을 다 읽으면 나한테 빌려 줘.

He **has every reason to** get angry.
그가 화를 내는 것은 충분한 이유가 있다.

I **have faith in** my doctor.
나는 의사를 믿고 있다.

have got to　～하지 않으면 안 된다

have it coming　당연한 응보를 받다

have no (other) choice　도리가 없다

have no idea　모르다

have no use for　필요가 없다, 쓸모없다

have nothing to *do* with　관계가 없다

have one's (own) way　자신이 생각한 대로 하다

have one's way with　다루는 방법을 잘 알고 있다

You**'ve got to** be more patient.
너는 더욱 인내심이 강해지지 않으면 안 된다.

I **had it coming**.
나는 당연한 결과를 받았다.

"Why didn't you come?" "I **had no choice**."
"왜 오지 않았어?" "어쩔 수 없었어."

I **have no idea** what to do.
어떻게 하면 좋을지 모르겠다.

I **have no use for** the glasses.
나는 안경이 필요 없다.

Science and philosophy seem to **have nothing to do with** each other.
과학과 철학은 서로 아무런 관계도 없는 것처럼 보인다.

I will never let him **have his own way**.
나는 두번 다시 그가 자신의 생각대로 하도록 두지 않겠다.

He **has his way with** students.
그는 학생들을 다루는 방법을 잘 알고 있다.

have only to *do* ~만 하면 된다

have seen better days (지금은 몰락했지만) 좋은 시절도 있었다

have some bearing on (~에) 다소 관계가 있다

have something to do with (~와) 다소 관계가 있다

have the heart to *do* 대담하게도 ~하다

have the kindness to *do* 친절하게도 ~하다

have to *do* ~해야 한다

have trouble with 쩔쩔매다, 애먹다

You **have only to do** your job.
너는 네 일이나 하고 있으면 돼.

They **have seen better days**.
그들도 좋은 시절이 있었다.

It **has some bearing on** this problem.
그것은 이 문제와 약간 관련이 있다.

He **has something to do with** the case.
그는 사건과 다소 관계가 있다.

I didn't **have the heart to tell** him the truth.
나는 도저히 그에게 진실을 전할 용기가 없었다. ※주로 부정문 · 의문문에 사용한다.

Jim **had the kindness to take** me there.
짐은 친절하게도 나를 그곳에 데리고 가 주었다.

I **had to get** up early this morning.
나는 오늘 아침 일찍 일어나지 않으면 안 되었다.

I **had trouble with** the work.
나는 그 일로 애를 먹었다.

have words with　　　언쟁하다

---

keep

'보유하다'라는 지속의 의미로 쓰는 경우는 keep a diary (a book)(일기를 쓰다) 등으로 사용되지만, '~하지 않고 있다' 등과 같이 부정적으로 번역하면 알기

keep ~ at a distance　　거리를 두다

---

keep ~ in mind　　마음에 새기다

---

keep ~ to oneself　　(사람에게) 말하지 않다

---

keep A from B　　A에 B를 시키지 않다

---

keep abreast of　　뒤떨어지지 않게 따라가다

Students **had words with** one another in the lesson.
수업중에 학생들끼리 언쟁이 있었다.

쉬운 경우도 많다. 예를 들면 keep out((안에) 넣지 마
세요), keep awake(잠들지(자지) 않는다) 등.

I **keep** him **at a distance** because he is a liar.
그는 거짓말쟁이라서 나는 그와 거리를 두고 있다.

I will **keep** his advice **in mind**.
나는 그의 충고를 마음에 새기고 싶다.

I want to **keep** the fact **to myself**.
나는 그 사실을 비밀로 하고 싶다.

Anyone can't **keep** me **from** going to there.
누구도 내가 거기에 못 가게 할 수는 없다.

I read newspapers to **keep abreast of** international affairs.
나는 국제 시류에 뒤떨어지지 않도록 신문을 읽고 있다.

keep after	재촉하다, 끈질기게 말하다
keep ahead	타인보다 앞서 있다
keep an eye on	지켜보다, 주시하다
keep an eye out for	~하지 않는가 하고 지키고 있다
keep at	꾸준히 노력하다
keep away	가까이 가지 않다
keep body and soul together	겨우 살아가다
keep clear of	떨어져 있다

Jenny **keeps after** me to eat it.
제니는 나에게 그것을 먹으라고 끈질기게 말한다.

He **kept** one step **ahead** of me.
그는 나보다 한 걸음 앞서 있다.

She must **keep an eye on** her baby.
그녀는 아기를 지켜보고 있어야 한다.

He has **kept an eye out for** the wanted criminal for two days.
그는 그 지명수배범을 이틀 동안 지켜보고 있다.

Keep at it!
힘내!

Keep away from the dog.
개한테 다가가지 마시오!

She **kept body and soul together** in such a time.
그녀는 그러한 시대를 겨우 살아가고 있었다.

The doctor advised me to **keep clear of** alcohol drinks.
의사는 나에게 알콜을 멀리 하라고 충고했다.

keep company	사귀다
keep company with	친하게 지내다
keep down	억누르다
keep early hours	일찍 자고 일찍 일어나다
keep good time	정확하다
keep in touch with	계속 접촉하다
keep in with	사이좋게 지내다
keep off	들어가지 않다

A man is known by the **company** he **keeps**.
사귀는 친구를 보면 그 사람을 알 수 있다.

I have **kept company with** him since we were students.
나는 학창 시절부터 그와 친하게 지내고 있다.

She was at a loss how to **keep** his anger **down**.
그녀는 어떻게 하면 그의 화를 진정시킬 수 있을지 어찌할 바를 몰랐다.

He **keeps early hours** for health.
그는 건강을 위해서 일찍 자고 일찍 일어난다.

My watch **keeps** very **good time**.
내 시계는 아주 정확하다.

I **keep in touch with** the friend.
그 친구와 계속해서 편지를 주고받고 있다.

She always **keeps in with** her husband.
그녀는 늘 남편과 사이좋게 지내고 있다.

Keep off the grass.
잔디밭에 들어가지 마시오!

keep on	계속해서 ~하다
keep one's temper	참다
keep one's word	약속을 지키다
keep out	(문을 닫고) 못 들어오게 하다, 쫓아내다
keep silence	침묵하다, 조용히 하다
keep the wolf from the door	기아[빈곤]에서 벗어나다
keep to	굳게 지키다
keep up	유지하다

She **keeps on** making the same mistake.
그녀는 같은 잘못을 반복하고 있다.

Whatever he may say, **keep your temper**.
그가 무슨 말을 해도 참아야 해.

Many politicians fail to **keep their word**.
약속을 지키지 않는 정치가가 많다.

His father **kept** him **out** for an hour.
그의 아버지는 그를 한 시간이나 밖에 있게 했다.

He **kept silence** all day long.
그는 하루 종일 입을 다물고 있었다.

The boys had to **keep the wolf from the door** by themselves.
소년들은 그들 스스로 기아에서 벗어나야만 한다.

This order must be **kept to**.
이 순번은 지켜야 한다.

I **keep up** my best weight.
나는 가장 적절한 체중을 유지하고 있다.

keep up on

정통하다, 정보에 밝다

keep up with

(시대의 추세 등에) 뒤지
지 않다

do

목적어에 따라서 여러 가지 동작을 표현할 수 있다. 예를
들면 '일을 하다', '청소를 하다', '견학을 하다', '요리
를 하다', '운전을 하다', '공부를 하다' 등. 숙어에서는

do ~ a favor

부탁하다

do (사람) good

건강에 좋다

do ~ justice

정당[공평]하게 다루다

do ~ out of

남을 속여 ~을 뺏다, 속
이다

He **keeps up on** our relations.
그는 우리의 관계에 대해 잘 알고 있다.

He is always trying to **keep up with** the times.
그는 언제나 시대에 뒤떨어지지 않도록 노력하고 있다.

do away with(폐지하다), do without(~없이 끝내
다), do down(속이다) 등 상당히 용도가 넓다.

Would you **do** me **a favor**?
부탁 좀 들어주시겠어요?

A cup of milk **does you good**.
한 잔의 우유는 건강에 좋다.

A judge must **do** a criminal **justice**.
재판관은 범죄자를 공평하게 대해야 한다.

Nobody is going to **do** me **out of** anything.
결코 누구도 날 속이진 못해!

do A for B	B를 위해서 A를 하다
do away with	폐지하다, 제거하다
do by	(~에게) 잘하다
do down	속이다, 욕을 하다
do for	~ 대용이 되다
do in	기진맥진하게 하다
do one a favor	부탁을 들어주다
do one's best	최선을 다하다

Will you **do this sum for me**?
이것 계산 좀 해 주시겠어요?

This practice should be **done away with**.
이 관습은 폐지되어야 한다.

He **does** well **by** his friends.
그는 친구들에게 잘한다.

He often **does** people **down**.
그는 자주 사람을 속인다.

This dictionary will **do for** a pillow.
이 사전은 베개 대용이 될 것이다.

That work really **did in** me.
그 일은 정말로 나를 지치게 했다.

I **did her a favor**.
나는 그녀의 부탁을 들어주었다.

I **did my best**.
나는 최선을 다했다.

do or die	필사의 각오로, 죽기살기로
do out	치우다, 청소하다
do over	다시 하다, 개장(改裝)하다
do the sights of	구경하다
do up	포장하다, 손질하다
do well	잘 하다
do with	처리하다, 참다
do without	～없이 지내다(해 나가다)

We must **do or die**.
우리는 어디까지나 결사의 각오로 해야만 한다.(죽기살기로 해야 한다.)

I'll **do out** my room right away.
금방 방을 치우겠습니다.

Let's **do** this room **over** in white.
이 방을 하얀색으로 다시 칠하자.

We will **do the sights of** London.
우리는 런던을 구경하고 싶다.

She is **doing** herself **up**.
그녀는 화장을 하고 있는 중이다.

Could you **do well** that plan?
그 계획은 잘 진행되었습니까?

What did you **do with** my dictionary?
내 사전을 어떻게 했니?

She can't **do without** a car.
그녀는 차 없이 지낼 수 없다.

get

일반적으로 '얻다', '입수하다', '사다', '달하다' 등의 뜻으로 쓰인다. '~이 되다'라는 뜻으로 사용하는 경우도 많다. 부사와 전치사와의 결합도 많이 있다.

get about	움직이며 다니다, 걸어다니다
get across	건너다
get after	조르다
get along	살아가다, 지내다
get along with	잘해 나가다, 잘 지내다
get along without	~없이 지내다
get an idea of	어떤 것인지 알다

I got about much in my office today.
나는 오늘 사무실에서 이리저리 많이 움직였다.

She **got across** the street.
그녀는 길을 건넜다.

Jim **got after** his mother to buy a car.
짐은 어머니께 차를 사달라고 졸랐다.

How are you **getting along**?
어떻게 지내십니까?

Do you **get along** well **with** your new friends?
당신은 새 친구들과 잘 지내고 있습니까?

I will **get along without** father's help.
나는 아버지의 도움 없이 해 나갈 작정이다.

I got a good **idea of** the size of that building.
나는 그 건물의 크기를 잘 알게 되었다.

get at	의미하다
get away	도망치다, 떠나다
get back	되찾다
get behind	늦어지다
get by	지나가다
get done with	해치우다
get down	내리다
get down to	본론으로 들어가다

What are you **getting at**?
너는 무슨 말을 하고 있는 거니?

I have to **get away**.
도망쳐야 해.

I could **get back** my stolen bag.
나는 도난당한 가방을 다시 찾을 수 있었다.

We are **getting behind** in our work.
일이 늦어지고 있다.

Can I **get by**?
비켜 주시겠습니까?(좀 지나갈까요?)

Let's do the work now and **get done with** it.
자, 즉시 업무에 착수하여 해치웁시다.

Will you **get** the box **down**?
저 상자 좀 내려 주실래요?

Let's **get down to** business.
일에 착수하자./본론으로 들어가자.

get far 멀리까지 가다, 성공하다

get good marks 좋은 점수를 얻다

get[stand] in one's way 방해를 하다

get in touch with 연락을 취하다

get into 입다

get it 이해하다

get lost 길을 잃다, 미아가 되다

get nowhere 아무짝에도 소용이 없는

He'll soon **get far** in his life.
그는 곧 성공할 것이다.

My friend **got good marks** in the English examination.
친구는 영어 시험에서 좋은 점수를 받았다.

The old lady **got in our way**.
그 늙은 여자가 우리를 방해했다.

You can **get in touch with** me tomorrow.
내일이면 저와 연락을 할 수 있을 것입니다.

I **got into** an overcoat.
나는 코트를 입었다.

This is just between us, **get it**?
이건 비밀이야, 알았지?

She always **gets lost**.
그녀는 항상 길을 잃어버린다.

The discussion **got** us **nowhere**.
토론은 아무런 도움이 되지 않았다.

get off	내리다, (~에서) 떨어지다
get off with	(이성과) 친해지다
get on	나이를 먹다
get on one's nerves	사람의 신경을 건드리다, 남을 성가시게 하다
get on with	(~하기를) 계속하다
get one's (own) way	자신이 생각한 대로 하다
get out of hand	감당할 수 없게 되다
get over	넘다, 극복하다

She **got off** the city.
그녀는 그 도시를 떠났다.

I'm **getting off with** him.
나는 그와 친하게 지내고 있다.

Jim is **getting on** twenty.
짐은 곧 스무 살이 된다.

Her arrogant behavior **gets on my nerves**.
그녀의 건방진 행동은 내 신경을 거슬리게 한다.

Though he was very tired, he **got on with** his work.
그는 매우 피곤했지만, 작업을 계속했다.

I won't let you **get your own way**.
네 생각대로 하게 내버려두진 않을 거야.

The children are beginning to **get out of hand**.
아이들이 손에서 벗어나기 시작했다.

We could **get over** the difficulties.
우리는 어려움을 이겨낼 수 있었다.

get rid of	제거하다
get somewhere	성공하다
get the best[better] of	능가하다, 이기다
get the worst of	혼쭐이 나다, 참패하다
get there	목적을 달성하다, 성공하다
get through	끝나다, 잘 빠져나오다
get through with	끝내다
get to	도착하다

My friend **got rid of** his debt.
내 친구는 그의 빚을 전부 갚았다.

Discussion may **get** us **somewhere**.
토론하다 보면 무언가 얘기가 될지도 몰라.

Even though I was right, he **got the best of** me.
비록 내가 옳았다고 하더라도, 그가 이겼다.

I **got the worst of** him.
나는 그에게 졌다.

You'll **get there** in the end.
결국은 잘 될 것이다.

He **got through** a great deal of work in a single day.
그는 많은 일을 단 하루 만에 끝마쳤다.

I **got through with** my work just now.
나는 일을 지금 막 끝마쳤다.

They finally **got to** the hotel.
그들은 겨우 그 호텔에 도착했다.

get together	모이다, 일치하다
get up	일어나다
get with it	긴장하다

Member of the Diet **got together**.

국회의원들이 모였다.

I **got up** at 7 this morning.

나는 오늘 아침 7시에 일어났다.

The students **get with it** just before the exam.

학생들은 시험 직전이 되면 긴장한다.

Tuesday

5개의 기본 동사와 3개의 중요 전치사로 기억하는
영어회화 idiom **200**

make

make shoes(신발을 만들다), make a face(얼굴을 찌푸리다) 등과 같이 '만들다', '하다'라는 의미로 사용되지만 What makes you so sad?처럼 '슬프게 하

make ~ do 임시변통하다, 때우다

make a clean breast of 숨김없이 말하다

make[pull] a face 얼굴을 찡그리다

make a fool of 바보 취급하다

make A from B B로 A를 만들다

make a joke 농담을 하다

make[pull] a long face 실망한 얼굴을 하다

다'와 make him come(그를 지나가게 하다) 등 '~
하게 하다'라는 의미로도 사용된다.

I **made** this dirty suit **do**.

나는 이 더러운 양복으로 변통했다.

You must **make a clean breast of** what you saw there.

당신은 거기서 본 것을 숨김없이 말해야 합니다.

He **made a face**.

그는 얼굴을 찡그렸다.

Don't **make a fool of** him.

그를 바보 취급하지 매

Butter is **made from** milk.

버터는 우유로 만들어진다.

Jim **made a joke** to set her laughing.

짐은 그녀를 웃게 하려고 농담을 했다.

As she heard the news she **made a long face**.

그 뉴스를 듣고 그녀는 실망한 얼굴을 했다.

make a mistake	잘못을 저지르다
make a point of ~ing	항상 ~한다
make after	추적하다
make against	방해하다
make allowances for	고려하다
make amends for	보상하다
make an excuse for	변명을 하다
make away	도망가다

This organization is bound to **make a mistake**.
이 단체는 잘못을 저지를 것이 분명하다.

She **made a point of complaining**.
그녀는 항상 불평을 늘어놓았다.

The private detective **made after** the man.
사립탐정은 그 남자를 추적했다.

The evidence **made against** him.
그 증거는 그에게는 불리하게 작용했다.

He ought to have **made allowances for** his age.
그는 자신의 연령을 고려했어야 했다.

He will **make amends for** the damage.
그는 손해 보상을 할 것이다.

I **made an excuse for** a lie.
나는 거짓말에 대해 변명을 했다.

One of the prisoners has **made away** from the prison.
형무소에서 죄수 한 명이 도망을 쳤다.

make away with	훔치다, 다 쓰다
make believe	보여주다, 가장하다
make both ends meet	수지를 맞추다
make do with	~으로 임시변통하다, 때우다
make efforts	노력하다
make for	향하다, 접근하다
make friends with	친구가 되다
make fun of	놀리다, 조롱하다

The thief **made away with** diamonds.
도둑은 다이아몬드를 훔쳐 달아났다.

Let's **make believe** that we're the rich.
우리가 부자인 것처럼 하자!

I found it difficult to **make both ends meet**.
나는 수지를 맞추는 것이 어려운 것임을 깨달았다.

I'll have to **make do with** this old overcoat this winter.
이번 겨울은 이 낡은 오버코트로 때워야 한다.

She **made** great **efforts** to pass the examination.
그녀는 시험에 합격하기 위해서 상당한 노력을 했다.

He **made for** the west.
그는 서쪽으로 향했다.

He can **make friends with** anybody soon.
그는 누구와도 바로 친구가 될 수 있다.

They often **make fun of** the boss.
그들은 자주 상사를 놀림감으로 삼는다.

make good	(약속 등을) 다하다, 성공하다
make heads or tails of	이해하다
make into	가공하다
make it	성공하다
make it a rule to	항상 ~하는 것으로 하고 있다
make little[light] of	얕보다, 깔보다
make much of	중시하다
make no difference	아무래도 좋다

You have to **make good** the promise for your mother.
어머니를 위해서 당신은 약속을 지키지 않으면 안 된다.

After all I couldn't **make heads or tails of** her story.
결국, 나는 그녀의 말을 이해할 수 없었다.

Barley is **made into** beer.
보리로 맥주가 만들어진다.

You **made it**!
성공했구나!

He **made it a rule to** take a walk before breakfast.
그는 아침 식사 전에 산책하기로 하고 있다.

Don't **make little of** me.
나를 얕보지 마!

Some **make much of** money in life.
인생에서 돈을 중시하는 사람도 있다.

It **makes no difference** whether you want to do it or not.
네가 그것을 하기를 원하든, 원치 않든 아무래도 좋다.

make nothing of	가볍게 보다
make off	서둘러 떠나다, 도망가다
make one's living	생계를 이어가다
make one's way	난관을 헤치고 나아가다
make oneself heard	자신이 하는 말을 다른 사람이 듣게 하다
make oneself understood	자신의 말한 것을 상대에게 통하게 하다
make out	이해하다
make over	양도하다, 변경하다

They seem to **make nothing of** the problem.
그들은 그 문제를 가볍게 보고 있는 것 같다.

If a fire should break out, I would **make off** with you.
만약 화재가 나면 나는 너와 함께 도망갈 것이다.

He **makes his living** as a salesman.
그는 세일즈맨을 해서 생계를 이어가고 있다.

He **made his way** by himself.
그는 자기 혼자서 극복했다.

You have to **make yourself heard** when you do a lecture.
강연을 할 때는 청중들이 들어줘야 한다.

She managed to **make herself understood** by gesture.
그녀는 손짓발짓으로 어떻게든 자신이 말하고 싶은 것을 상대방에게 전했다.

I can't **make out** what you mean.
당신이 말하고 있는 것을 이해할 수 없습니다.

He **made over** his house into apartment.
그는 자신의 집을 아파트로 개조했다.

make progress	진보하다
make room for	자리를 비우다
make sense	의미를 가지다
make sport of	조롱하다
make the most[best] of	가능한 한 이용하다
make up	꾸며대다, 날조하다
make up for	보상하다, 벌충하다
make up one's mind	(~하려고) 결심하다

Have you **made progress** in English?
영어는 숙달되었습니까?

I **made room for** the old man in the train.
나는 기차 안에서 그 노인에게 자리를 양보했다.

It doesn't **make** any **sense**.
그것은 전혀 의미를 갖지 않습니다.

The children were going to **make sport of** her.
아이들은 여자아이를 놀리려고 하고 있었다.

We should **make the most of** our library.
가능한 한 우리 도서관을 이용하는 편이 좋다.

I had to **make up** a good explanation.
나는 적당한 구실을 꾸며내야만 했다.

We must **make up for** the loss.
우리는 그 손실을 벌충해야만 한다.

At that time he **made up his mind** to marry her.
그때 그는 그녀와 결혼하려고 결심했다.

make up to	접근하려고 하다, 환심을 사려고 하다
make use of	이용하다
make with	(손발, 도구 등을) 움직이다

let

make처럼 '~하게 하다'라는 의미로 사용되지만, let 의 경우는 자발적으로 하고 싶다고 말하는 상대에게 그 것을 허락하는 의미에서 '~시키다'라는 뜻으로, '무리하

let ~ be	내버려두다, 상관하지 않다
let ~ by	통과시키다, 눈감아 주다
let ~ down	실망시키다, 배반하다

She always **makes up to** the rich men.
그녀는 언제나 부유층 남자의 환심을 사려고 노력한다.

He **made** good **use of** the opportunity.
그는 그 기회를 잘 이용했다.

She just **made with** shoulders.
그녀는 간단히 어깨를 움직였다.

게 시키다'의 뜻을 가진 make와는 다르다. a house to let(셋집)
과 같이 '빌리다'의 의미도 있다. 동사와 부사와 결합해서 let go(놓
아주다)와 let in(안에 넣다) 등의 사용법도 많다.

Let bygones **be** bygones.
과거의 일은 묻지 말자.

Please **let** me **by**.
들어가게 해 주세요.

You can rely on him. He never **lets** you **down**.
너는 그를 신뢰해도 돼. 그는 결코 너를 배반하지 않아!

let ~ fly	(돈을) 물쓰듯 하다
let ~ into	~을 …에 들이다
let ~ loose	자유롭게 해 주다, 풀어놓다
let ~ pass	너그럽게 보다
let alone	말할 필요없이
let (사람) down	실망시키다
let fall	떨어뜨리다, (비밀 따위를) 무심코 누설하다
let go	해방하다, 석방하다

He **let** the money **fly**.
그는 돈을 물쓰듯이 써 버렸다.

Don't **let** the cat **into** the store.
고양이를 가게에 데려오면 안 됩니다.

He **let** his son **loose** from obligation.
그는 아들을 속박에서 풀어주었다.

She is uneducated, but **let** it **pass**.
그녀는 교양이 없지만, 그것은 넘어가자.

I don't have a cent, **let alone** a dollar.
나는 1달러는 고사하고, 1센트도 없다.

Jim **let me down**.
짐한테 실망했다.

He **let fall** a secret.
그는 무심결에 비밀을 말하고 말았다.

Let go (of) my arm!
팔을 놔주세요!

let go of	(쥐고 있던 것을) 놓다
let in	들어오게 하다
let me see	글쎄(어디 보자)
let off	석방하다, 발사하다
let on	누설하다, ~인 체하다
let one off	면제하다
let one through	통과하게 하다
let oneself go	자제하지 않다

He **let go of** the rope.
그는 밧줄을 놓았다.

Please open the window, and **let in** fresh air.
창문을 여세요, 신선한 공기가 들어오게.

Let me see, I wonder what I'm going to say.
어디 보자, 내가 무슨 말을 하려고 했더라.

He was **let off** with a fine.
그는 벌금을 내고 석방되었다.

He **let on** that he was a policeman.
그는 경찰관 시늉을 했다.

I'll **let you off** doing the dishes.
접시 닦는 것은 면제해 주겠다.

She **let her children through** the gate by turns.
그녀는 아이들에게 순서대로 문을 통과하게 했다.

Let yourself go.
네 생각대로 해[격려]

let out	해고하다
let slide	되는 대로 놔두다
let up	느슨해지다

take

솜씨·사진·대금 등 여러 가지 것을 '갖다'의 뜻. 또 bring(가지고 오다)에 대해 '가지고 가다'의 뜻도 있다. 사람을 '데리고 가다', 탈것에 '타다', 차나 음식물을 '섭

take ~ apart	분해하다
take ~ by surprise	놀라게 하다
take ~ for granted	당연한 것으로 생각하다

She was **let out** in order to cut the extra outgo.

그녀는 불필요한 지출을 없애기 위해서 해고되었다.

You may **let slide** this problem.

이 문제는 되는 대로 놔두면 됩니다.

We should **let up** the rules.

규칙을 완화해야 한다.

취하다', 시간을 '요하다, 걸리다' 등도 모두 take를 쓴다. take after(닮았다), take over(계속하다), take A for B(A를 B로 취하다, 틀리다) 등 숙어도 많다.

He **took** his alarm clock **apart**.

그는 알람시계를 분해했다.

The sound **took** me **by surprise**.

나는 그 소리에 놀랐다.

I **take** it **for granted** that people are honest.

인간은 당연히 정직하다고 생각한다.

take ~ into account	고려하다
take ~ into consideration	고려하다
take a deep breath	심호흡하다
take a fancy to	좋아하게 되다
take a risk	위험을 무릅쓰다
take advantage of	이용하다
take after	닮다
take away	제거하다, 퇴학당하다

You should **take** his feeling **into account**.
너는 그의 기분도 생각해야 한다.

You must **take** the fact **into consideration**.
당신은 그 사실을 고려해야만 한다.

He stood up and **took a deep breath**.
그는 일어서서 심호흡을 했다.

I **take a fancy to** seeing movies.
영화를 보는 것이 좋아지게 되었다.

Why do you **take** such **a risk**?
왜 그런 위험을 무릅쓰는 것입니까?

They **took advantage of** the fine weather to play baseball.
그들은 좋은 날씨를 이용해 야구를 했다.

Jenny **takes after** her father in her appearance.
제니는 외모가 아버지를 닮았다.

The child was **taken away** from school.
그 아이는 퇴학을 당했다.

take back	(옛날 일 등을) 떠올리다
take care of	돌봐주다, 처리하다
take charge of	떠맡다, 돌보다
take down	잘라서 쓰러뜨리다
take heart	기운을 내다
take in	이해하다
take interest in	흥미를 갖다
take it easy	천천히 하다

The picture **takes** me **back** to my happy school days.

그 사진은 나에게 즐거웠던 학창 시절을 생각나게 한다.

I have an important business to **take care of** in my office.

사무실에 처리해야 할 중요한 일이 있습니다.

I'll **take charge of** my parents when they get old.

부모님이 나이가 드시면 보살펴 드릴 계획입니다.

He **took down** a tall tree.

그는 큰 나무를 잘라서 쓰러뜨렸다.

I encouraged her to **take heart**.

나는 그녀가 기운을 낼 수 있도록 용기를 북돋았다.

I can't **take in** his idea at all.

난 그의 생각을 전혀 이해할 수 없다.

He **takes** a great **interest in** history.

그는 역사에 상당히 흥미를 가지고 있다.

Don't be in a hurry, **take it easy**!

서두르지 말고, 천천히 해!

take it or leave it	(어느 쪽으로 할지) 분명하게 정하다
take it seriously	신중하게 하다
take leave of	이별을 고하다
take notice of	주의를 기울이다
take off	벗다
take offense at	화를 내다
take on	떠맡다
take one's time	천천히 하다

You should **take it or leave it**.
어느 쪽이든 확실히 결정하는 편이 좋다.

As today's homework is very difficult, I **take it seriously**.
오늘의 숙제는 아주 어려워서, 신중하게 하고 있습니다.

He **took leave of** his friends before boarding the train.
그는 열차에 타기 전에 친구들에게 이별을 고했다.

We should **take notice of** his warning.
우리는 그의 경고에 주목해야 한다.

I **took off** my jacket.
나는 재킷을 벗었다.

She **took offense at** his words.
그녀는 그의 말에 화를 냈다.

I can't **take on** such a job.
그런 일은 맡을 수 없다.

I **took my time** to do my homework and finished it.
나는 천천히 시간을 들여 숙제를 마쳤다.

| **take one's word for it** | 그것에 대해서는 ~의 말을 신용하다 |

take out — 가지고 가다

take over — 이어받다, 양도받다

take pains — 고생하다

take part in — 참가하다

take place — 행해지다, 일어나다

take pride in — 긍지로 삼고 있다

take sides with — 편을 들다

Can I **take your word for it**?
그것은 확실하니?

I will **take out** a hamburger and drink.
햄버거와 마실 것은 가지고 갈 거예요.

He **took over** the position from his father.
그는 그 지위를 부친에게서 이어받았다.

I **take** great **pains** in educating my daughter.
딸아이 교육시키느라 아주 고생하고 있다.

Jim **took part in** the tour to Europe.
짐은 유럽 여행에 참가했다.

Do you know when the event **took place**?
그 이벤트 언제 했는지 알아요?

He **takes pride in** his wealthy.
그는 자신의 유복함을 자랑으로 삼고 있다.

I **took sides with** him in the argument.
그 토론에서 나는 그의 편을 들었다.

take the liberty of	실례를 무릅쓰고 ～하다
take the place of ①	～로서 대신하다
take the place of ②	대리를 하다
take the side of	편을 들다
take the trouble to _do_	일부러 ～하다
take to	몰두하다
take turns in	교대로 하다
take up	들어 올리다

I must **take the liberty of** going home.
미안하지만, 집에 가야 되겠습니다.

CD have entirely **taken the place of** cassette tapes.
CD가 전적으로 카세트 테이프를 대신하게 되었다.

I can't **take the place of** her as an English teacher.
그녀 대리로 영어 선생 따위는 도저히 할 수 없다.

I was very glad that she **took the side of** me.
그녀가 내 편을 들어 주어서 너무 기뻤다.

He **took the trouble to** apologize.
그는 일부러(애써) 사죄했다.

She **takes to** playing tennis.
그녀는 테니스에 몰두해 있다.

They **took turns in** taking care of the baby.
그들은 아기를 교대로 돌봐 주었다.

I **took up** my pen and wrote it down.
나는 펜을 들어 그것을 썼다.

take up the[one's] time 시간이 걸리다

take up with 교제하다

taking one with another 이것저것 생각하면

give

이중목적어와 함께 사용되는 동사의 대표. '주다'에서 '지불하다', '당도하다', '수여하다' 등 여러 가지 의미가 있다.

give a big hand 열광적으로 박수를 치다

give a sentence 판결을 내리다

give away 주다, 누설하다, 밀고하다

I don't want to **take up your time.**
시간을 뺏을 생각은 없습니다.

I have **taken up with** him since last year.
나는 그와 작년부터 교제하고 있다.

Taking one with another, this was the best way for him.
이것저것 생각해 보면 이것이 그에게 최선의 방법이었다.

The audience **gave a big hand** to hear that.
청중은 그것을 듣고 열광적으로 박수를 쳤다.

The judge **gave a sentence** of death on him.
재판관은 그에게 사형 판결을 내렸다.

His accent **gave** him **away**.
그의 사투리로 고향을 알았다.

give back	돌려주다, 응수하다
give birth to	(아기를) 낳다
give forth	(소리 등을) 발하다
give in	굴복하다, 제출하다
give it to	(호되게) 꾸짖다, 벌주다
give my best regards to	안부 전해 주십시오
give of	아낌없이 주다
give off	(증기, 냄새, 빛 등을) 방출하다

Give the book **back** to her.
그녀에게 책을 돌려 주세요.

She **gave birth to** a baby boy.
그녀에게 남자 아기가 태어났습니다.

The house **gave forth** no answering sound.
그 집에서는 어떤 응답의 소리도 없었다.

He usually **gave in** to his wife.
그는 대개 부인이 말하는 대로 한다.

I'll **give it to** him.
놈을 혼내 주어야겠다.

Please be sure to **give my best regards to** your father.
아버님께도 부디 안부 전해 주세요.

She **gives of** herself.
그녀는 (다른 사람을 위해) 스스로를 아낌없이 바치고 있다.

These flowers are **giving off** a nice smell.
이 꽃들은 좋은 냄새를 풍기고 있다.

give offence to	화나게 하다
give oneself up[over] to	몰두하다
give out	발표하다, 다하다
give over	넘겨주다, 양도하다
give points to	(~보다도) 이긴다
give rise to	생기다
give up	그만두다
give up on	단념하다, 포기하다

His talk **gave offence to** me.
그의 말을 듣고 나는 화를 냈다.

He **gave himself up to** her allure.
그는 그녀의 매력에 마음을 빼앗겼다.

He was **given out** to be dead.
그가 죽었다는 발표가 있었다.

He was **given over** to the police.
그는 경찰에 인도되었다.

He can **give points to** any opponent in tennis.
테니스라면 그는 누구에게도 지지 않는다.

Environmental changes **gave rise to** new species.
환경 변화로 새로운 종이 발생하였다.

He **gave up** smoking.
그는 담배를 끊었다.

I **give up on** the exam.
나는 그 시험을 포기했다.

give way (to)　　　굴하다, 무너지다

---

put

의미상으로는 '두다'를 중심으로 생각하면 틀리지 않는다. put away는 사용해버리지 않고 맞은편에 두기 때문에 '정돈하다', '처리하다'의 의미가 된다. put on은

put ~ across　　　납득시키다

put ~ down　　　아래에 두다

put ~ in order　　　정돈하다

put ~ into effect　　　실행하다

put ~ into operation　　　실시하다

A last she **gave way to** him and broke a secret.
결국 그녀는 그에게 굴해서 비밀을 발설했다.

'몸에 걸치다', put back은 '되돌리다', put~down은 '아래에 두다→종이에 문자를 두다'→'적어두다'가 된다. 또 put off(연기하다), put up with(참다) 등도 자주 사용된다.

You can't **put** that **across** me.
그런 것을 믿을 수는 없어.

May I **put** this baggage **down**?
이 짐을 아래에 놓아도 될까요?

I bought many books today so I **put** them **in order**.
나는 오늘 많은 책을 샀고, 그것들을 정돈했다.

I am going to **put** my idea **into effect**.
나는 나의 생각을 실행에 옮길 것이다.

They will **put** the project **into operation** next spring.
그들은 내년 봄에 그 프로젝트를 실시할 것이다.

put ~ into practice	실행하다
put ~ off	경원하다, (사람을) 피하다
put ~ to use	이용하다
put ~ up to	(일 등을) 미리 가르치다
put A before B	A를 B보다 우선하다
put A into B	A를 B로 바꾸다
put about	소문을 퍼뜨리다
put an end to	끝내다

He **put** early rising **into practice**.
그는 아침 일찍 일어나기를 실천했다.

She **put** him **off** coming to her party.
그녀는 그가 파티에 오는 것을 싫어했다.

Put that money **to** a good **use**.
그 돈은 무언가 좋은 일에 사용하세요.

Put him **up to** the job.
그 일에 대해 미리 그에게 가르쳐 줘라.

We must **put** safety **before** everything else.
무엇보다도 안전을 우선해아 한다.

Put the following sentences **into** Korean.
다음 문장을 한국어로 번역하시오.

It has been **put about** that he had been dis-
missed.
그가 해고되었다는 소문이 퍼지고 있다.

You should **put an end to** your foolish habit.
너는 그 바보 같은 습관을 그만두어야 한다.

put aside	제쳐놓다, 저축하다, 제거하다
put away	정리하다, 치우다
put back	연기하다, (시계의 바늘을) 뒤로 돌리다
put by	저축하다
put forth	(~을) 내다
put forward	추천하다, (시계의 바늘을) 앞으로 당기다
put in	넣다, 더하다, 지내다
put in for	신청하다

I decided to **put aside** some money for the future.

나는 장래를 위해서 얼마간의 돈을 저축하기로 결심했다.

Will you **put away** all the papers we used at the meeting?

회의에서 사용한 서류들을 치워 줄래요?

Put the clock **back** five minutes.

시계를 5분 늦추세요.

You should **put by** some money for a rainy day.

만약의 경우를 위해서 저금을 해 두어야 한다.

Trees **put forth** new leaves in spring.

봄에는 나무들이 새 잎을 낸다.

Put the clock an hour **forward**.

시계를 한 시간 빠르게 하세요.

"I'll do it." he **put in**.

"내가 할게."라고 그는 말을 덧붙였다.

I'll **put in for** a transfer to another post tomorrow.

나는 내일 다른 부서로 전임을 신청할 작정이다.

put it	(~으로) 말하면
put off	연기하다
put on	입다, 걸치다
put on airs	점잔을 빼다, 거드름을 피우다
put on weight	살이 찌다
put one up to ~ing	부추겨서 ~시키다
put one's heart into	열중하다, 몰두하다
put out	끄다

To **put it** clearly, I don't like him.
분명히 말하는데, 나는 그가 싫다.

Never **put off** till tomorrow what you can do today.
오늘 할 수 있는 일을 내일로 미루지 말라.

She **put on** a pretty dress for the party.
그녀는 파티를 위해 아름다운 드레스를 입었다.

He **put on airs** in her presence.
그는 그녀 앞에서 거드름을 피웠다.

I **put on weight** lately.
요사이 살이 쪘다.

Don't **put him up to buying** such an expensive car.
그를 부추겨서 그런 고가의 차를 사게 하지 마라.

I wish he would **put his heart into** his studies.
공부에 열중해 주면 좋으련만.

Put out the candle, please.
촛불을 꺼 주십시오.

put through	완수하다, 달성하다
put together	조립하다
put up ①	게시하다
put up ②	숙박하다
put up with	참다

with

with의 원래 뜻은 against(반대하여). withstand(저항하다, 버티다), withdraw(뒤로 물리다, 후퇴하다) 등에서 유추되지만 중세 때 '수반', '일치' 등 여러 가지

| **with a start** | 놀라서 |

I'm going to **put through** the plan carefully.
나는 그 계획을 신중하게 실행할 것이다.

I'm not good at **putting** a machine **together**.
나는 기계를 조립하는 것에는 자신이 없다.

I **put up** a notice.
나는 공고문을 내걸었다.

I'd like to **put up** in a Western-style hotel.
나는 서양식 호텔에 숙박하고 싶다.

I had to **put up with** many inconveniences.
나는 많은 불편을 참아야만 했다.

의미로 사용하게 되었다.

He jumped out of the bed **with a start**.
그는 깜짝 놀라서 자리에서 벌떡 일어났다.

with a view to	~할 목적으로
with all	~에도 불구하고
with pleasure	기꺼이
with reason	(~하는 것도) 무리는 아니다
with reference to	(~에) 관해서
with regard to	(~에) 관해서는
with relation to	(~에) 관해서
with respect to	(~에) 관해서

I went to the theater early **with a view to** getting a good seat.
나는 좋은 자리를 맡기 위해서 빨리 극장에 갔다.

With all his surprise, he asked no details of the accident.
그렇게 놀랐음에도 불구하고 그는 사건에 대해 상세히 묻지 못했다.

"Would you come to the party?" "Yes, **with pleasure**."
"파티에 오시겠습니까?" "예, 기꺼이."

He was forced to resign from the government **with reason**.
그가 억지로 정부에서 물러난 것도 무리는 아니다.

She spoke her mind **with reference to** that matter.
그것에 관해서 그녀는 생각하고 있는 바를 말했다.

I must keep a secret **with regard to** the fact.
그 사실에 관해서는 비밀을 지키지 않으면 안 된다.

I have nothing to say **with relation to** the project.
그 계획에 대해서 아무것도 말할 것이 없다.

Is anybody have a question **with respect to** what he say?
그가 말하는 것에 대해 질문 있는 사람 있습니까?

with the result that   그 결과

from

'출발점', '기점'을 나타낸다. 용도는 장소, 시간, 구체적인 것, 추상적인 것을 불문하고 폭넓게 사용된다.

from ~ point of view   (~의) 관점에서 보면

from behind   (~의) 배후에서

from cover to cover   전권을 통해서

from door to door   이집에서 저집으로

from far and near   여기저기에서

He studied hard, **with the result that** he passed the exam.

그는 열심히 공부했다. 그 결과 시험에 합격했다.

From this point of view, it is a very important affair.

이런 관점에서 보면 그것은 상당히 중요한 것이다.

A cat dashed **from behind** the curtain.

커튼 뒤에서 고양이가 튀어나왔다.

I must read this book **from cover to cover** again.

나는 다시 이 책 전권을 모두 읽어야만 한다.

I visited **from door to door**.

나는 한집한집 방문했다.

Many people come **from far and near**.

여기저기에서 많은 사람이 모여왔다.

from hand to mouth	하루 벌어 하루 먹는
from head to foot	완전히, 몽땅
from now on	이제부터는 계속
from scratch	최초부터, 무에서
from the standpoint of	(~의) 관점에서
from the viewpoint of	(~의) 입장에서는
from time to time	때때로
from way back	훨씬 이전부터

They were very poor and lived **from hand to mouth**.
그들은 매우 가난하여 하루 벌어 하루 먹는 생활을 했다.

She had eaten a big cake **from head to foot**.
그녀는 커다란 케이크를 몽땅 먹어치웠다.

I will never tell a lie **from now on**.
앞으로 절대로 거짓말을 하지 않을 것이다.

Starting **from scratch**, he became a millionaire.
무일푼으로 시작해서 그는 백만장자가 되었다.

This should be argued **from the standpoint of** everything.
이것은 모든 관점에서 논의되어야 한다.

From the viewpoint of the teacher, this is not desirable.
교사의 입장에서는 이것은 바람직한 일은 아니다.

He looked up at the sky **from time to time**.
그는 가끔 하늘을 올려다보았다.

I have known him **from way back**.
나는 이전부터 줄곧 그를 알고 있다.

of

원래 뜻은 away from(~에서 떨어진). 최근에는 '분리', '기원'에 관련된 용법은 from으로, '관련'의 용법은 about로 대신하게 되었다.

of a kind	동일한 종류의
of all others	공교롭게도
of great use	대단히 유용한
of itself	자연히, 저절로
of late	최근
of necessity	할 수 없이
of no use	쓸모없는

The birds **of a kind** tend to live together.
같은 종류의 새는 함께 생활하는 경향이 있다.

On that day **of all others**, it rained.
공교롭게도 그날 비가 왔다.

This dictionary is **of great use** for students.
이 사전은 학생들에게 대단히 유용하다.

The door opened **of itself**.
문이 저절로 열렸다.

Of late, students are not so eager to read.
요즘 학생들은 독서에 그다지 열심이지 않다.

He resigned his office **of necessity**.
그는 할 수 없이 일을 그만두었다.

My bath towel was wet, so it was **of no use**.
목욕 타월이 젖어서 쓸 수가 없었다.

of one's own ~ing	자신이 직접 ~한
of one's own accord	자발적으로
of one's own[free] will	스스로 자진해서
of use	쓸모 있는
of value	가치가 있는

She wore a sweater **of her own knitting**.
그녀는 자신이 짠 스웨터를 입고 있었다.

He quitted the school **of his own accord**.
그는 자발적으로 그 학교를 퇴학했다.

He made new friends **of his own will**.
그는 언제나 자진해서 새로운 친구들을 만든다.

Paul's suggestion turned out to be **of** great **use**.
폴의 제안이 아주 쓸모 있다는 것을 알았다.

His invention was **of** great **value**.
그의 발명은 상당한 가치가 있었다.

Wednesday

6개의 중요 전치사로 기억하는
영어회화 idiom **200**

in

기본적인 의미는 '둘러싸인', '포괄', '범위'. 구체적으로 말하면 전후좌우뿐만 아니라 상하도 포함하는 입체적인 의미를 가지고 있다.

in a line	열을 지어서
in a row	일렬로
in a sense	어떤 의미에서는
in a word	요약하면, 한마디로 말하면
in advance	미리
in all directions	사방팔방으로
in all respects	모든 점에서

Students stand **in a line**.
학생들은 열을 지어 서 있다.

Put them **in a row**.
그것들을 일렬로 놓아두세요.

You are right **in a sense**.
네가 어떤 의미에서는 옳다.

In a word, you hate me, don't you?
한마디로 말하자면, 너는 내가 싫은 거지, 그렇지?

We should prepare for hike **in advance**.
우리는 미리 하이킹 준비를 해야 한다.

The bank robbers dispersed **in all directions**.
은행 강도들은 사방팔방으로 흩어졌다.

These two books are similar **in all respects**.
이들 두 권의 책은 모든 점에서 비슷하다.

in and out	무엇이든, 모조리
in any case	어쨌거나
in brief	요약하면
in case	혹시 ~인 경우에는, ~하면 안 되기 때문에
in charge of	담당해서
in common	공통된
in detail	상세하게
in effect	실제로는

I know him **in and out**.
그에 관한 일이라면 안팎으로 두루 잘 알고 있다.

In any case, you are wrong in your conjecture.
어쨌든 당신의 추측은 틀렸다.

In brief, that is the question.
요컨대 그것이 문제다.

You should take an umbrella **in case** it rains.
비가 오면 안 되니까 우산을 가지고 가거라.

I take **in charge of** this class this year.
나는 올해 이 반을 맡고 있다.

I have some hobbies **in common** with him.
나는 그와 몇 가지 공통된 취미가 있다.

I will tell you the story **in detail**.
내가 자세하게 그 이야기를 해 줄게.

I am not innocent **in effect**.
사실 나는 결백하지 않다.

in fashion	유행하는
in favor of	찬성해서
in good health	건강 상태가 좋은
in good shape	괜찮다(튼튼하다)
in high spirits	건강하게, 기운차게
in honor of	경의를 표하여
in line with	일치해서
in low spirits	실망해서

A miniskirt is **in fashion**.
미니스커트가 유행하고 있다.

I can't be **in favor of** his plan.
나는 그의 계획에 찬성할 수 없다.

She is **in good health** though she is eighty.
그녀는 80세이지만 건강 상태가 좋다.

She is **in good shape** for her age.
그녀는 나이에 비해 건강하다.

To be always **in high spirits** – it's my policy.
언제나 활기차게 – 이것이 나의 좌우명입니다.

We celebrate Mother's Day **in honor of** our mothers.
우리는 어머니께 경의를 표하여 어머니날을 축하한다.

What he said isn't **in line with** the evidence.
그가 말한 것은 증거와 일치하지 않는다.

He was **in low spirits** because he lost his wallet.
그는 지갑을 잃어버려 낙담하고 있었다.

in nine cases out of ten	십중팔구
in no time	얼마 지나지 않아
in one's absence	(사람이) 없는 곳에서
in one's favor	마음에 들어서
in one's line	(~의) 전문
in one's place	(~의) 대신에
in one's presence	면전에서
in oneself	그 자체로는

He will fall down on his job **in nine cases out of ten**.
그는 십중팔구 일을 그르칠 것이다.

She will come here **in no time**.
그녀는 머지 않아 여기에 올 것이다.

He seems to speak ill of me **in my absence**.
그는 내가 없는 곳에서 나의 험담을 하는 모양이다.

He is **in his teacher's favor**.
그는 선생님의 마음에 들었다.

History is **in my line**.
역사가 내 전문이다.

He attended the meeting **in his father's place**.
그는 부친 대신에 그 회의에 출석했다.

She likes to talk **in our presence**.
그녀는 우리들 앞에서 말하는 것을 좋아한다.

The engine **in itself** is very good.
엔진 자체는 아주 좋습니다.

in order	순서를 따라
in other words	바꾸어 말하면
in part	일부는, 얼마간
in particular	특히
in person	자신이, 직접
in private	비공식적으로
in public	사람 앞에서
in return for	(~의) 답례로

Everything is **in order**.
모든 것이 순조롭습니다.

In other words, he is a great artist.
바꾸어 말하면 그는 위대한 예술가이다.

This seems to have lightened the burden **in part**.
이것으로 얼마간 짐이 가벼워진 것 같다.

That girl was pretty **in particular** among her sisters.
그 소녀는 자매들 중에서 특히 예뻤다.

The Prime Minister appeared **in person** at the party.
수상이 직접 그 파티에 나타났다.

I met her **in private**.
나는 그녀와 개인적으로 만났다.

He repeated **in public** what he had said in private.
그는 그때까지 비밀로 했던 것을 사람들 앞에서 말했다.

Mother invited him to dinner **in return for** his kindness.
어머니는 친절에 대한 보답으로 그를 저녁식사에 초대했다.

in search of	～을 찾아서
in short	요약하면
in spite of oneself	저도 모르게, 무심코
in store for	준비한[된]
in terms of	(～의) 점에서
in the air	(소문 따위가) 퍼져서
in the end	결국
in the face of	～에도 불구하고

The woman went **in search of** her child.
그 여자는 자기 아이를 찾으러 나갔다.

In short, I didn't like the film at all.
간단히 말하면 나는 그 영화가 전혀 재미있지 않았다.

I burst our laughing **in spite of myself**.
나도 모르게 웃음을 터뜨리고 말았다.

I have good news **in store for** you.
너를 위한 좋은 뉴스가 있어.

Iran must be considered **in terms of** its oil resource.
이란은 석유 자원의 측면에서 고려되지 않으면 안 된다.

The rumor that he died is **in the air** among us.
그가 죽었다는 소문이 우리 사이에 퍼지고 있다.

In the end, she will repent on it.
결국, 그녀는 그것을 후회하겠지요.

She succeeded **in the face of** difficulties.
그녀는 역경에도 불구하고 성공했다.

in the light of	고려해서
in the long run	결국은, 장기적으로 보면
in the open (air)	야외에서
in the[one's] way	방해가 되어
in turn	교대로, 순번에

on

원래는 '접촉', '근접'이라는 뜻이지만 접촉하는 면은 상하, 측면, 바닥면 등을 따지지 않는다. '접촉'하는 것을 '위'로만 한정해서 생각하게 되면 의미를 오해하게 될

on ~ terms with	(~하는) 관계

He changed his mind **in the light of** these facts.
그는 이러한 사실을 고려해서 생각을 바꾸었다.

It will be cheaper **in the long run** to use this material.
이 재료를 사용하는 것이 결국은 쌀걸요.

They had exercise **in the open**.
그들은 야외에서 운동을 했다.

The desk is **in the way**.
그 책상은 방해가 된다.

Our teacher named us **in turn**.
선생님은 우리를 차례차례 지명했다.

수도 있다.

I have been **on** good **terms with** her from child-hood.
어린 시절부터 나는 그녀와 사이가 좋다.

on all sides	사방팔방으로
on an[the] average	평균해서
on an errand	심부름을 보내다
on and off	이따금, 내리다 말다
on and on	자꾸자꾸, 장황하게
on business	상용으로, 업무상
on charges of	(~의) 죄로, 혐의로
on duty	당번인

The fireworks set off **on all sides**.
불꽃이 사방팔방에서 피어올랐다.

He watches television four hours a day **on the average**.
그는 평균 하루에 4시간 TV를 시청한다.

Could you go **on an errand** for me?
나 대신에 심부름을 가 주지 않겠니?

It has been raining **on and off** since this morning.
오늘 아침부터 비가 오다 말다 하고 있다.

He gave his opinions **on and on**.
그는 계속 그의 의견을 발표했다.

He left for Sapporo **on business**.
그는 업무차 삿포로로 떠났다.

He was doubted **on charges of** murder.
그는 살인 혐의를 받고 있다.

I was **on duty** that day.
그날은 내가 당번이었다.

on end ①	똑바로 서서
on end ②	계속하여, 연달아
on guard	경계해서
on hand	마침 갖고 있는
on leave	휴가중
on one's back	위를 향하여
on one's face	(고개나 몸을) 떨구다, 엎드리다
on one's guard	주의해서

His hair stood **on end**.
그는 몸에 털이 곤두섰다(소름이 끼쳤다).

The matters happened **on end**.
그 사건은 잇달아 일어났다.

You should be **on guard** against that man.
그 남자는 경계하는 편이 좋아.

I welcomed my friends with meal **on hand**.
나는 마침 있던 음식으로 친구들을 환영했다.

Because he is **on leave**, I want to go out with him.
그는 지금 휴가중이니까, 그와 같이 나가고 싶다.

It's comfortable to lie on the ground **on your back**.
하늘을 보고 땅 위에 누우면 기분이 좋다.

He was sleeping **on his face**.
그는 엎드려 자고 있었다.

Be **on your guard** against pickpockets.
소매치기에 주의하세요.

on one's own	<u>스스로</u>, 혼자힘으로
on one's word	맹세코
on purpose	일부러, 고의로
on second thought	다시 생각해 보면
on the air	방송되어
on the alert	방심하지 않는, 경계하고 있는
on the dot	제시간에
on the go	매우 바쁜

I did it **on my own.**
나는 그것을 스스로 했다.

I don't tell a lie **on my word.**
맹세코 나는 거짓말은 하지 않는다.

Do you think I did it **on purpose**?
너는 내가 일부러 했다고 생각하니?

On second thought, he was a gentleman.
다시 생각해 보면 그는 신사였다.

A political scandal was **on the air.**
정치 스캔들이 방송되었다.

You should be **on the alert** when you cross a busy street.
혼잡한 길을 건널 때는 주의해야 합니다.

Jim never fails to come **on the dot.**
짐은 틀림없이 제시간에 올거야.

When I visited him, he seemed to be **on the go.**
내가 방문했을 때, 그는 매우 바쁜 것 같았다.

on the one hand	일방적으로, 한편으로는
on the other hand	다른 한편으로는
on the phone	전화로
on the point of ~ing	바야흐로 ~하려고 해서, ~하는 순간에
on the side of	~을 편들어
on the spot	그 경우에, 즉석에
on the verge of	지금이라도 ~하려고 해서
on the warpath	싸울 기세로, 불같이 노하여

On the one hand civilization destroyed nature.
문명은 한편으로 자연을 파괴했다.

On the other hand nuclear energy is very dangerous.
다른 한편으로 원자 에너지는 대단히 위험하다.

John talked with his customer **on the phone**.
존은 고객과 전화로 이야기를 했다.

I was **on the point of leaving** the office when the phone rang.
사무실을 나가려고 하는데 전화가 울렸다.

I was **on the side of** my mother all the time.
나는 시종 엄마 편을 들고 있었다.

I had to choose him **on the spot**.
나는 그 자리에서 그를 선택하지 않으면 안 되었다.

He was **on the verge of** betraying his secret.
그는 당장이라도 비밀을 누설할 것만 같았다.

The man always talks **on the warpath** with everyone.
그 사람은 늘 누구한테나 싸울 기세로 이야기한다.

on the way   도중에

on the whole   대체로, 전체로 보아

on the wrong side of   ~세를 넘어서

on time   시간대로(정확하게)

on top of   위에

by   원래 뜻은 near(옆에 위치하다). 동사나 명사와 연결하여 사용되는 경우가 많다.

by a hair's breadth   아슬아슬하게, 간발의 차이로

Shall we buy some food **on the way**?
도중에 음식이라도 사갈까?

The party was, **on the whole**, successful.
파티는 대체로 성공이었다.

He is **on the wrong side of** sixty.
그는 60세를 넘었다.

I got to the place **on time**.
나는 제시간에 그 장소에 도착했다.

There are two birds **on top of** the tower.
탑 위에 새가 두 마리 있다.

I might be hit by a car **by a hair's breadth**.
나는 간발의 차이로 차에 치일 뻔했다.

by accident	우연히, 우연한 일로
by all means	꼭
by and by	머지않아
by and large	일반적으로, 대체로
by birth	태생은, 타고난
by chance	우연히
by degrees	점차, 차츰
by dint of	(~에) 의해서, (~의) 힘으로

I met Jenny **by accident** yesterday.
나는 어제 우연히 제니를 만났다.

You must come to the party **by all means**.
꼭 파티에 와 주십시오.

It will clear up **by and by**.
머지않아 맑아질 것이다.

By and large, people tend to do what they are told to do.
일반적으로 사람은 하라고 말한 것을 하는 경향이 있다.

I'm French **by birth**.
나는 프랑스 태생이다.

I met an old friend of mine **by chance** on the street.
나는 길에서 우연히 옛친구를 만났다.

I missed him **by degrees**.
나는 차츰 그가 그리워졌다.

They escaped **by dint of** a path.
그들은 좁을 길을 이용하여 도망갔다.

by far	훨씬, 단연
by halves	절반만, 불완전하게
by hand	손으로
by leaps and bounds	일사천리로, 급속하게
by means of	(～에) 의해서
by mistake	잘못해서
by name	이름으로
by nature	천성의, 타고난

She is **by far** the most beautiful girl in her class.
그녀는 학급에서 단연 돋보이게 예쁘다.

Don't do something **by halves**.
용두사미가 되지 않도록 해라.

I pushed the door **by hand**.
나는 손으로 문을 밀었다.

He was promoted **by leaps and bounds**.
그는 일사천리로 승진했다.

They lifted the rock **by means of** a lever.
그들은 지레로 그 바위를 들어올렸다.

I got on the wrong bus **by mistake**.
나는 잘못해서 다른 버스를 타고 말았다.

She mentioned each boy **by name**.
그녀는 소년 한 사람 한 사람의 이름을 불렀다.

He is **by nature** reserved in character.
그는 천성적으로 소극적인 성격이다.

by no means	결코 ~ 아니다
by the day	하루 얼마로, 일급으로
by turns	교대로, 순서대로
by twos and threes	삼삼오오, 드문드문
by virtue of	(~의) 힘으로, (~의) 덕택에
by way of	~ 경유로, ~로서
by word of mouth	구두로, 구전으로

She is **by no means** a coward.
그녀는 결코 겁쟁이가 아니다.

We are paid by the month, not **by the day**.
우리의 급료는 일급이 아닌 월급으로 지불된다.

We nursed grandmother **by turns**.
우리는 교대로 할머니를 간호했다.

The guests began to leave **by twos and threes**.
손님들은 삼삼오오 돌아가기 시작했다.

I could study abroad **by virtue of** my father.
나는 아버지 덕택에 유학할 수 있었다.

I went to Paris **by way of** New York.
나는 뉴욕을 경유해서 파리에 갔다.

The rumor spread **by word of mouth**.
그 소문은 입에서 입으로 전해졌다.

for

원래는 fore(앞으로)에서 발생된 단어라고 한다. 의미상 용법은 여러 가지가 있지만 기본적으로는 '목적'을 나타 내는 것이라고 생각된다.

for a change	기분 전환으로
for a time	잠시 동안
for all one know	(~의) 아는 한
for another thing	다음에는
for fear of	무서워서
for good	영구히
for lack of	~ 부족 때문에

Let's walk on our hands for a change.
기분 전환 삼아 물구나무서서 걸어보자.

You should not see him for a time.
너는 당분간 그를 만나지 않는 편이 좋겠다.

For all I know, he has been to London.
내가 아는 한 그는 런던에 가 있다.

For another thing, she studies German.
다음으로 그녀는 독일어를 배운다.

I don't go there for fear of punishment.
나는 징벌이 두려워서 거기에는 가지 않는다.

I'll be with you for good.
영원히 당신과 함께 있겠습니다.

For lack of food, our country depend on other countries.
식량부족 때문에 우리나라는 다른 나라에 의존하고 있다.

for next to nothing	거의 공짜로
for nothing	무료로
for one's part	~측으로서는
for sale	매물
for the asking	청구하는 대로
for the birds	의미가 없는
for the moment	당분간
for the most part	대부분은

I bought it **for next to nothing**.
나는 그것을 공짜나 다름없는 값에 샀다.

I could get a ticket **for nothing**.
나는 무료로 티켓을 구할 수 있었다.

For my part, I have nothing to say about it.
나로서는, 거기에 대해 할 말이 없다.

The picture is not **for sale**.
그 그림은 판매용이 아닙니다.

The sample will be sent to you **for the asking**.
청구하는 대로 샘플을 보내 드립니다.

Isn't that a thing **for the birds**?
그것은 의미가 없는 것 아닙니까?

I have to be absent from school **for the moment**.
나는 당분간 학교를 쉬지 않으면 안 된다.

The shops in the street were **for the most part** closed.
그 거리의 대부분의 가게는 문이 닫혀 있었다.

for the present
지금으로서는

for the time being
당장, 당분간

for the world
절대로

for this one time
이번만은

for want of
~ 부족 때문에

at

장소, 시간의 '어느 한 점'을 나타낸다. 예를 들면 at this point(이 지점에서)와 같이 '좁은 범위의 한 점'을 나타낸다.

at a blow
일격으로

For the present, I'm staying at this hotel.
현재로서는 이 호텔에 숙박하고 있다.

We have decided to stay here **for the time being**.
우리는 당분간 여기에 머물기로 했다.

I can't give up smoking **for the world**.
나는 절대로 금연을 할 수 없다.

I'll overlook your error **for this one time**.
이번만은 잘못한 것 봐준다.

Many people are suffering **for want of** food.
많은 사람들이 식량부족으로 고생하고 있다.

He was knocked down **at a blow**.
그는 한 방에 쓰러졌다.

at a breath	단숨에
at a distance	조금 떨어져서
at a loss	난처하여, 어쩔 줄 몰라서
at a rate of	(~의) 속도로
at a sitting	단번에
at a standstill	정체 상태에 빠지다, (나아가지 못하고) 앞이 막히다
at a time	한 번에, 동시에
at all costs	기어코, 어떤 희생을 치르더라도

Candles were blown out by the child **at a breath**.
그 아이는 단숨에 촛불을 껐다.

Seen **at a distance**, he looked like a girl.
조금 떨어져서 보니 그는 여자아이처럼 보였다.

She was **at a loss** what to do.
그녀는 어떻게 하면 좋을지 몰라 쩔쩔맸다.

The car runs **at a rate of** 120 miles an hour.
그 차는 시속 120마일로 달린다.

I have read this book **at a sitting**.
나는 단숨에 이 책을 읽고 말았다.

He was **at a standstill**.
그는 정체 상태에 빠졌다.

These books are very heavy, so don't carry all of them **at a time**.
이 책들은 상당히 무거우니, 한 번에 다 옮기지 마세요.

I want to see him **at all costs**.
꼭 그를 만나고 싶다.

at all events	어쨌든
at any moment	지금이라도
at any price	꼭, 무슨 일이 있어도
at any rate	어쨌든
at any time	언제나
at best	기껏해야, 고작
at (one's) ease	마음 편히
at first hand	직접

At all events, let's do our best.
어쨌든 최선을 다하자.

She seems as if she's going to cry **at any moment**.
그녀는 당장이라도 울 것만 같았다.

I want to see him **at any price**.
어떤 일이 있어도 그를 만나고 싶다.

At any rate, I'll call him up.
특별히 그를 전화로 부르자.

You can use this telephone **at any time**.
언제든지 이 전화를 사용해도 좋습니다.

He is **at best** a mediocre writer.
그는 기껏해야 평범한 작가다.

The old couple lived **at ease**.
노부부는 편안하게 살고 있었다.

I got the news **at first hand**.
나는 그 뉴스를 직접 입수했다.

at first sight	첫눈에
at full length ①	네 활개를 쭉 뻗고, 큰 대 자로
at full length ②	길다랗게, 늘려서
at hand	가까이에
at heart	마음에, 심중에
at home ①	편하게
at home ②	정통하여
at intervals	이따금, 군데군데

I loved her **at first sight.**
나는 첫눈에 그녀를 좋아하게 되었다.

My father yawned **at full length.**
아버지는 네 활개를 쭉 뻗고 하품을 하셨다.

She told the story **at full length.**
그녀는 그 이야기를 장황하게 늘어놓았다.

I always keep this dictionary **at hand.**
나는 늘 이 사전을 가까이에 두고 있다.

He may seem rude, but is quite kind **at heart.**
그는 무례하게 보일지도 모르지만, 마음씨는 아주 착한 사람이다.

Please be **at home.**
편히 쉬십시오.

He is **at home** in English literature.
그는 영문학에 정통하다.

My son writes to me **at intervals.**
아들은 가끔 나에게 편지를 써서 보낸다.

at large	전체로서, 널리
at length ①	결국은, 마침내
at length ②	상세하게, 장황하게
at most	기껏, 많아야
at need	필요한 때에
at once A and B	A임과 동시에 B이기도 하다
at one's best	가장 좋은 상태에서
at one's convenience	상황이 좋을 때에

He is very popular among the people **at large**.
그는 대중 사이에 널리 인기가 있다.

At length the train arrived after a long time.
오랜 시간이 지나고 마침내 열차가 도착했다.

The man told his experience **at length**.
그 남자는 자신의 체험을 상세하게 이야기했다.

It takes you one hour **at most** from here to New York.
여기서 뉴욕까지 기껏해야 1시간일 것이다.

This money will come in handy **at need**.
이 돈은 필요한 때에 도움이 될 것이다.

The song is **at once sad and beautiful**.
그 노래는 슬프면서도 아름답다.

The cherry blossoms are now **at their best**.
벚꽃은 지금이 한창이다.

You can use my cottage **at your convenience**.
편하실 때 나의 산장을 사용하십시오.

at (one's) pleasure	좋을 대로
at short notice	급히
at (the) sight of	(~을) 보고
at the age of	~세에
at the cost of	희생하여
at the first opportunity	기회가 되는 대로
at the height of	(~의) 절정에
at the mercy of	~의 마음대로 되어, ~에 좌우되어

I arranged his room **at my pleasure**.
나는 그의 방을 내 마음대로 정리했다.

He stopped **at short notice**.
그는 급히 멈추었다.

He was very happy **at the sight of** his new house.
그는 자신의 새 집을 보고 매우 기뻐했다.

He rose to the Presidency **at the age of** 43.
그는 43세에 대통령의 지위에 올랐다.

He made it **at the cost of** his life.
그는 자신의 목숨을 희생하여 그 일을 완수했다.

I would like to live abroad **at the first opportunity**.
나는 기회가 되는 대로 외국에서 살고 싶다.

She is **at the height of** happiness now.
그녀는 지금 행복의 절정에 있다.

His life was **at the mercy of** fortune.
그의 인생은 운명에 의해 좌우되고 있었다.

at the risk of	~을 잃을 각오로, 위험을 감수하고
at the top of	될 수 있는 한 ~으로
at times	가끔
at will	마음대로

to

'방향', '도착'을 나타낼 때 **to**를 사용한다. 어떤 것에 대한 '방향'과 그것을 향해서 운동, 행위가 가해진 결과의 '도착'을 나타낸다.

to a hair	정확하게, 털끝만큼도 틀림없이
to all appearance(s)	어떻게 보아도

He explored the jungle **at the risk of** his life.
그는 생명의 위험을 감수하고 정글을 탐험했다.

He shouted **at the top of** his voice.
그는 있는 힘껏 큰소리로 외쳤다.

He is apt to be careless **at times**.
그는 가끔 부주의해지기 쉽다.

I was absent from the convention **at will**.
나는 일부러 회의에 빠졌다.

This dress suits me **to a hair**.
이 드레스는 나에게 딱 맞는다.

He is **to all appearances** a gentleman.
그는 어떻게 보아도 신사다.

to and fro	여기저기에
to excess	과도하게
to make a long story short	요약해서 말하면
to make matters worse	한층 더 나쁜 것은
to one's face	공공연히, 얼굴을 맞대고
to one's heart's content	마음 내키는 대로
to say nothing of	말할 필요도 없이
to say the least (of it)	줄잡아 말해도(아무리 못 해도)

There are obstacles **to and fro**.
여기저기에 장애물이 있다.

She practiced the piano every day **to excess**.
그녀는 매일 피아노 연습을 과도하게 한다.

To make a long story short, it was he that said so.
요약해서 말하면, 그렇게 말한 것은 그였다.

To make matters worse, soldiers were taken ill.
더 나쁜 것은 병사들이 병에 걸린 것이다.

I'm too shy to tell her **to her face**.
나는 내성적이어서 얼굴을 맞대고 그녀와 이야기할 수 없다.

Please enjoy swimming **to your heart's content**.
마음 내키는 대로 수영을 즐기십시오.

She was beautiful, **to say nothing of** smart.
그녀는 영리한 것은 말할 것도 없고 미인이었다.

To say the least, I want another three hours' sleep.
못해도 3시간은 더 자고 싶다.

to some degree	얼마간은
to some extent	어느 정도까지
to the best of	(~의) 한도까지
to the effect that	(~라는) 취지의(에)
to the full	충분히, 마음껏
to the point	요령 있는, 적절한
to the utmost	힘껏, 최대한

I agree with you **to some degree**.
어느 정도는 당신에게 동의한다.

You can believe what he says to you **to some extent**.
그가 당신에게 말한 것은 어느 정도 믿어도 된다.

I will try **to the best of** my ability.
힘이 닿는 한 해 보겠습니다.

We got the message **to the effect that** he would resign.
우리는 그가 퇴직한다는 취지의 고지를 받았다.

They discussed it **to the full**.
그들은 거기에 대해서 충분히 토론했다.

His explanation is **to the point**.
그의 설명은 적절하다.

I'd like to study literature **to the utmost**.
나는 있는 힘을 다해 문학 연구를 하고 싶다.

Thursday

3개의 중요 단어로 기억하는
영어회화 idiom **200**

be

조동사로서의 be는 진행형(be+~ing)과 수동태(be+과거분사)로 사용된다. 또 be+to의 용법에는 ①예정 ②의무 ③가능 ④운명 ⑤의도의 5가지가 있으므로 문맥으

be absorbed in	~에 열중하고 있는
be accustomed to	익숙해 있는
be acquainted with	서로 알게 되다
be addicted to	탐닉하다, 빠지다
be akin to	닮다
be alien to	성질을 달리하다
be alive to	민감하다

로 판단하는 것이 중요하다.

I was absorbed in playing the piano.
나는 피아노를 치는 것에 열중했다.

I am accustomed to get on the jam-packed train.
나는 만원 전철에 익숙해 있다.

I was acquainted with your friends.
나는 너의 친구들과 서로 알게 되었다.

He **is addicted to** drinking.
그는 알콜 중독이 되었다.

I am akin to my mother.
나는 어머니를 닮았다.

Oil **is alien to** water.
기름은 물과 성질을 달리한다.

He **is** an ambitious man **alive to** his chances.
그는 호시탐탐 기회를 노리고 있는 야심가이다.

be alive with ①	활기찬
be alive with ②	생생한
be all thumbs	서투르다
be ambitious of	갈망하다
be anxious about	걱정하는
be anxious for	갈망하고 있는
be anxious to *do*	(~하는 것을) 간절히 바라는
be apt to	경향이 있다, ~하기 쉽다

The town **is alive with** the festival.
거리는 축제로 활기차다.

He **is alive with** taking a trip.
그는 여행을 해서 활기차다.

I'm **all thumbs**. I can't do it myself.
나는 서투르기 때문에 내 혼자 힘으로 할 수 없다.

He **is ambitious of** that job.
그는 그 일을 너무나도 하고 싶어한다.

John **is anxious about** his illness.
존은 자신의 병을 염려하고 있다.

She **is anxious for** wearing a wedding dress.
그녀는 웨딩드레스 입기를 갈망하고 있다.

I **am anxious to visit** Europe.
나는 유럽에 가기를 간절히 바라고 있다.

She **is apt to** catch cold.
그녀는 감기에 쉽게 걸린다.

be at a loss	어찌할 바를 모르다, 당황하다
be at one's wit's end	어찌할 바를 몰라하다
be available for	쓸모 있는, 유용한
be aware of	알아차리다
be badly off	비참하게 살고 있다
be beneficial to	유익하다
be beside oneself with	이성을 잃다
be blind of	보이지 않는, 판단력이 없는

He **was at a loss** what to do.
그는 어떻게 해야 좋을지 몰랐다.

I'm **at my wit's end** for money.
나는 돈 문제로 어찌할 바를 몰라 끙끙대고 있다.

This book **is available for** studying English.
이 책은 영어 공부에 도움이 된다.

I **was aware of** the trick in this magic.
나는 이 마술의 트릭을 알아차렸다.

In those days, we **were badly off**.
그 시절 우리는 살기가 어려웠다.

Sunshine and moisture **are beneficial to** plants.
일광과 습기는 식물에 유익하다.

We **were beside ourselves with** joy.
우리는 기쁜 나머지 이성을 잃었다.

She **is blind of** his faults.
그녀에게는 그의 결점이 보이지 않는다.

be bored with	지긋지긋하다
be born of	(~에서) 태어나다
be bound for	~행의
be bound to *do* ①	반드시 ~하지 않으면 안 된다
be bound to *do* ②	반드시 ~할 것이다
be brought to light	명백하게 밝혀지다
be burdened with	부담이 되다
be capable of	할 수 있는

I was bored with his old jokes.
나는 그의 오랜 농담에 진저리가 났다.

He **was born of** noble family.
그는 고귀한 가문에서 태어났다.

This train **is bound for** Shinjuku.
이 전차는 신주쿠행입니다.

He **is bound to finish** up his work until noon.
그는 업무를 정오까지 끝내지 않으면 안 된다.

Our team **is bound to win**.
우리 팀은 반드시 승리할 것이다.

By and by, the truth will **be brought to light**.
결국 진실이 밝혀질 것이다.

He encouraged me, but I **am burdened with** that.
그는 나를 격려해 주었지만 나로서는 그것이 부담이다.

The poison **is capable of** causing death within two minutes.
그 독은 2분 이내에 사람을 죽음에 이르게 할 수 있다.

be careful about	주의하다
be characteristic of	특이하다
be close by	근처에 있는
be compelled to *do*	할 수 없이 ~하게 되다
be composed of	(~으로) 이루어지다
be concerned about	염려하다
be concerned with	관계가 있다
be conscious of	알아채다, 의식하다

Be careful about your health!
건강에 주의하십시오.

It **is characteristic of** him to say that.
그런 말을 하는 것은 지극히 그답다.

There **is** a lake **close by** my house.
우리 집 근처에 호수가 있다.

I **was compelled to leave** school.
나는 할 수 없이 학교를 그만두어야 했다.

Our class **is composed of** forty students.
우리 반은 40명의 학생으로 구성되어 있다.

His mother **is** always **concerned about** him.
그의 모친은 언제나 그를 염려하고 있다.

Many politicians **were concerned with** the scandal.
많은 정치가가 스캔들에 관련되어 있었다.

He seems to **be conscious of** my heart to him.
그는 그에 대한 내 마음을 알고 있는 듯하다.

be considerate of	배려가 있다
be contrary to	반하다, 어긋나 있다
be convenient for	형편이 좋다
be convinced of	확신하고 있다
be cross with	(~에 대해서) 언짢다
be curious about	호기심을 가지고 있다
be curious to *do*	~하고 싶어하다
be cut off	중단되다, 끊기다

You should **be considerate of** your parents in selling the house.
집을 팔 때에는 부모님의 기분을 배려해야 할 것이다.

To break the promise **is contrary to** my principle.
약속을 지키지 않는 것은 나의 신조에 반하는 일이다.

When **is** it **convenient for** us to meet?
몇 시에 만나면 편하시겠습니까?

I **am convinced of** the truth of my reasoning.
나의 추리에 잘못이 없다는 것을 확신하고 있다.

I **was** very **cross with** him about the broken window.
나는 깨어진 유리창 때문에 그에 대해서 상당히 기분이 언짢았다.

He **is curious about** other people's business.
그는 다른 사람의 일에 호기심이 많다.

My daughter **is curious to play** the piano.
딸아이가 피아노를 치고 싶어한다.

The supply of electricity **was cut off**.
전기 공급이 중단되었다.

be deaf to	귀를 기울이지 않는다
be deficient in	부족하다
be delighted at	즐거워하다
be dependent on	의존하고 있다
be derived from	유래하다
be destitute of	～이 없다, 빠져 있다
be determined to *do*	(～하려고) 결심하다
be devoid of	결여되다

He **is deaf to** my answer.
그는 나의 대답에 귀를 기울이지 않는다.

I **am deficient in** vitamin C.
나는 비타민 C가 부족하다.

We **were delighted at** the sight of London.
우리들은 런던의 광경을 보아서 기뻤다.

Japan **is** heavily **dependent on** U.S.A..
일본은 미국에 크게 의존하고 있다.

Many English words **are derived from** Latin.
다수의 영어 단어가 라틴어에서 유래하고 있다.

We **are destitute of** money.
우리는 돈이 없다.

I **am determined to go** abroad.
나는 해외로 가야겠다고 결심했다.

His behavior **is devoid of** common sense.
그의 행동은 상식이 결여되어 있다.

be devoted to	전념하다
be disappointed at	실망하다
be dressed in	입고 있다
be driven to _do_	(~하는) 곤란에 빠지다
be due to	(~에) 의한, (~에) 원인이 있다
be eager to _do_	~하고 싶다고 생각하다
be endowed with	~을 타고나다
be engaged in	종사하고 있다

He **was devoted to** making money.

그는 돈벌이에 전념했다.

He **was disappointed at** the concert.

그는 그 콘서트에 실망했다.

She **is dressed in** her best dress.

그녀는 그녀의 가장 좋은 옷을 입고 있다.

She **was driven to resign**.

그녀는 사직을 해야 하는 어려움에 빠져 있다.

The delay **is due to** shortage of hands.

지연되고 있는 것은 일손이 부족하기 때문이다.

I **am eager to learn** English.

나는 영어를 배우고 싶다고 생각하고 있다.

He **is** well **endowed with** a sense of humor.

그는 대단한 유머 감각을 타고났다.

He **was engaged in** medical research.

그는 의학 연구에 종사하고 있었다.

be envious of	부럽다고 생각하다
be equal to ①	감당하다, 견디어내다
be equal to ②	적임이다
be essential to	없어서는 안 되는
be faithful to	충실하다
be familiar to	잘 알려져 있는
be familiar with ①	잘 알고 있는
be familiar with ②	친한

The poor **are envious of** the rich.
가난한 사람들은 부자들을 부러워한다.

She can't **be equal to** such a work.
그녀가 그런 일을 참아낼 리가 없다.

I **am** not **equal to** the task.
나는 그 일에 적임이 아니다.

Patience **is essential to** everybody.
누구에게든지 인내심은 불가결하다.

The dog **is faithful to** the master.
개는 주인에게 충실하다.

He**'s familiar to** our classmates.
그는 우리 학급의 친구들에게 잘 알려져 있다.

I**'m familiar with** this part of the problem.
나는 그 문제의 이 부분에 관해서는 잘 알고 있다.

I**'m familiar with** her.
나는 그녀와 친하다.

be far from	결코 ~지 않다
be fed up with	진저리를 치다, 지긋지긋하다
be fond of	좋아하다
be for ①	(~에) 찬성
be for ②	(사람에) 줄 생각으로
be for ③	~용의
be forced to *do*	할 수 없이 ~하다
be frank with	(~에 대해서) 솔직하다

They **are far from** happy.
그들은 결코 행복하지 않다.

I**'m fed up with** this wet weather.
나는 이 비오는 날씨가 지긋지긋하다.

Are you **fond of** music?
음악을 좋아합니까?

I**'m for**[against] his proposal.
나는 그의 제안에 찬성[반대]이다.

This **is for** you.
이건 네 거야. [선물을 줄 때]

What**'s** this tool **for**?
이 도구는 무엇에 쓰는 것입니까?

I **was forced to take** medicine.
나는 할 수 없이 약을 먹었다.

I **am frank with** you.
나는 너에게는 솔직하다.

be free from	(~이) 없다
be gifted with	타고난 (재능 등에) 혜택을 받다
be given to	열중하고 있다
be grateful to ~ for	(~의 …에) 감사하고 있다
be guilty of	(~에서) 유죄이다
be hard of ~ing	(~하는 것이) 곤란하다
be harmful to	해를 입히다
be hostile to	(~에 대해서) 반대하다

Your composition **is free from** all grammatical mistakes.
너의 작문에 문법 오류는 하나도 없다.

The girl **is gifted with** beauty.
그 소녀는 타고난 미모의 소유자이다.

She **is given to** playing the piano.
그녀는 피아노를 치는 것에 열중하고 있다.

I'm grateful to you **for** your kindness.
당신의 친절에 감사드립니다.

The accused **was guilty of** the crime.
그 피고인은 유죄였다.

He **was hard of hearing**.
그는 난청이었다.

The eruption of Mt. Unzen **was harmful to** Shimabara area.
운선악의 분화는 시마바라 지역에 피해를 주었다.

The man **was hostile to** new rule.
그 남자는 새로운 규칙에 반대했다.

be hung up on	사로잡혀 있다
be ignorant of	모른다
be in demand	수요가 있다
be in need of	필요로 하다
be in time for	시간에 (늦지 않게) 맞추다
be in vain	허사가 되다
be incapable of	할 수 없는
be independent of	(~에서) 독립하다

He **is** still **hung up on** his former girl friend.
그는 아직도 옛날 애인에게서 벗어나지 못하고 있다.

They **are ignorant of** common sense.
그들은 상식을 모른다.

These goods **are in** great **demand**.
이들 상품은 상당히 수요가 있다.

The roof of the house **is in need of** repair.
그 집의 지붕은 수리가 필요하다.

He **was in time for** the train.
그는 기차 시간에 딱 맞추었다.

I tried to go on a diet, but it **was in vain**.
나는 다이어트를 하려고 했지만 허사였다.

He **was incapable of** doing it.
그는 그것을 할 수 없었다.

I want to **be independent of** my parents.
나는 부모님으로부터 독립하고 싶다.

be indispensable to	불가결하다
be inferior to	(~보다) 떨어지다
be innocent of	(~의) 죄가 없다
be intent on	열중하고 있다
be lacking in	부족하다
be late for	늦다
be liable to	~하기 쉬운
be likely to *do*	~할 것 같다

The dictionary **is indispensable to** study languages.
사전은 언어를 배울 때 불가결한 것이다.

He **was inferior to** her in English.
그는 영어에서는 그녀보다 떨어진다.

He **is innocent of** the murder.
그에게 살인죄는 없다.

He **is intent on** his studies.
그는 연구에 몰두하고 있다.

Jim **is lacking in** artistic talent.
짐은 예술적 재능이 부족하다.

I **was late for** the class.
나는 수업에 늦었다.

She **is liable to** disease.
그녀는 병에 걸리기 쉽다.

The child **is likely to weep**.
그 아이는 곧 울 것 같다.

be lost in	빠져 있다
be married to	결혼하다
be noted for	유명하다
be obliged to	감사하다
be oblivious of	잊기 쉽다
be obsessed with[by]	사로잡히다
be of (the) opinion that	(~라는) 의견을 가지고 있다
be on another line	다른 전화를 받고 있다

I am lost in music.
나는 음악에 빠져 있다.

Nancy **was married to** Tom.
낸시는 톰과 결혼했다.

What **is** America **noted for**?
미국은 무엇으로 유명합니까?

I **am** very **obliged to** you for the help.
도와주신 것에 진심으로 감사하고 있습니다.

She **is oblivious of** what's happening around her.
그녀는 주변에서 일어나고 있는 일을 잘 잊어버린다.

He **is obsessed with** the fear of death.
그는 죽음의 공포에 사로잡혀 있다.

I **am of (the) opinion that** he should enter college.
나는 그가 대학에 들어가야 한다는 의견을 가지고 있다.

Mr. Smith **is on another line.**
스미스 씨는 다른 전화를 받고 있습니다.

be on one's mind	마음에 걸리다
be opposed to	반하다
be opposite to	(~의) 반대쪽이다
be over	끝나다
be particular about	까다롭다
be peculiar to	특유의 것이다
be pleased with	즐거워하다
be popular among	인기가 있다

Anytime, it**'s on my mind** that how you are going.
늘, 네가 어떻게 지내는지 걱정이 돼.

Your opinion **is opposed to** the project.
너의 의견은 계획에 반하고 있다.

My seat **is opposite to** you.
내 자리는 너의 맞은편에 있다.

The war **is over**.
전쟁은 끝났다.

He **is particular about** my clothes.
그는 나의 패션에 까다롭다.

This custom **is peculiar to** China.
이런 습관은 중국 특유의 것이다.

I **am** very **pleased with** his work.
나는 그의 업무에 대단히 만족하고 있다.

Her songs **are popular among** young men.
그녀의 노래는 젊은 사람들에게 인기가 있다.

be possessed of	소유하고 있다
be possessed with	마음을 빼앗기다
be proficient in	자신이 있다
be proof against	견디다
be proud of	자랑으로 생각하다
be reckless of	개의치 않다
be relevant to	관계가 있다
be reluctant to *do*	마음이 내키지 않다

He **is possessed of** great wealth.
그는 큰 부를 소유하고 있다.

I **am possessed with** her.
나는 그녀에게 마음을 빼앗겼다.

He **is proficient in** speaking French.
그는 프랑스어에 자신이 있다.

This watch **is proof against** water.
이 시계는 방수가 된다.

The English people **are proud of** their queen.
영국사람들은 여왕을 자랑으로 여기고 있다.

He **is reckless of** his health.
그는 자신의 건강 따위에 신경도 쓰지 않는다.

Her character **is relevant to** her personal history.
그녀의 성격은 그녀의 성장 과정과 관계가 있다.

They seemed to **be reluctant to do** the work.
그들은 그 일을 하는 것이 마음에 내키지 않는 것 같았다.

be responsible for	책임이 있다
be sensitive to	(~에 대해서) 민감한
be short for	(~의) 약어이다
be short of	부족하다
be sick of	진저리치다, 지긋지긋한
be similar to	닮다
be slow of	늦은, 느린
be subject to	지배를 받다

The driver **is responsible for** the passengers' safety.

운전수는 승객의 안전을 책임진다.

He **is** very **sensitive to** criticism.

그는 비평에 대해서 매우 민감하다.

BBC **is short for** British Broadcasting Corporation.

BBC는 영국방송협회의 약어이다.

Korea **is short of** natural resources.

한국은 천연자원이 부족하다.

I **am sick of** the traffic jam.

교통체증은 지긋지긋하다.

Gold **is similar** in color **to** brass.

금은 색깔이 놋쇠와 비슷하다.

I **am slow of** walking.

나는 걸음이 느리다.

All players **are subject to** the rules of the game.

모든 선수는 게임 규칙을 따르는 것으로 한다.

be suitable for	적합하다
be superior to	(~보다) 뛰어나다
be supposed to *do*	~하기로 되어 있다
be sure of	마음으로 믿고 있다
be sure to *do*	꼭 ~할 거라 생각하다
be taken aback	깜짝 놀라다
be taken up with	열중하다
be tired of	싫증나다, 질리다

This climate **is suitable for** a cultivation of lemon.
이 기후는 레몬 재배에 적합하다.

This computer **is superior to** that one.
이 컴퓨터는 저것보다 성능이 좋다.

He will **be supposed to take** a driver's license.
그는 자동차 면허를 취득할 것이다.

I **was sure of** his coming.
나는 그가 오리라는 것을 믿고 있었다.

She **is sure to be** good tennis player.
그녀는 분명히 좋은 테니스 선수가 될 것이라고 생각한다.

I **was taken aback** to run across her in a bus.
버스 안에서 그녀와 우연히 만나 깜짝 놀랐다.

He **is** too much **taken up with** her.
그는 그녀에게 너무 열중하고 있다.

I **am tired of** waiting for him alone.
나는 혼자서 그를 기다리는 일에 질렸다.

be tired with	지친, 피로한
be to blame	책임이 있다, (누구가) 나쁘다
be true of	들어맞다, 적용되다
be up and doing	건강하게 활동하고 있다
be up in arms	화가 나 있다
be used to	익숙하다
be wanting in	부족하다
be weary of	지긋지긋하다

I am tired with the work.
업무 때문에 피곤하다.

I am to blame for the accident.
그 사고의 책임은 나에게 있다.

What **is true of** them is equally true of you.
그들에게 적용되는 것은 당신들에게도 적용된다.

Though he is over eighty years old, he **is up and doing**.
그는 80세가 넘었지만 아주 건강하게 활동하고 있다.

She **was up in arms** because she was made fun of.
그녀는 놀림을 당해서 화가 나 있었다.

I am used to staying up all night.
나는 철야에 익숙하다.

He **is wanting in** common sense.
그는 상식이 부족하다.

I was soon **weary of** the job.
나는 곧바로 그 일에 싫증이 났다.

be well off	살기가 좋다
be well-known to	잘 알려져 있다
be willing to *do*	기꺼이 ~하다
be worn out	지친, 수척한
be worried about	염려하다
be wrong with	고장이 나다

all

명사, 대명사, 부사, 형용사로서 사용된다. 특히 대명사로서 사용될 때는 어떤 것의 '모든 것'을 가리키는가를 이해하는 것이 중요하다. 부정문에서 사용되는 경우에는

Lately, she**'s** quite **well off**, isn't she?
요즘 그녀는 형편이 좋아진 것 같아, 그렇지 않니?

My sister **is well-known to** everybody.
내 누이동생은 모두에게 잘 알려져 있다.

I **am willing to help** you.
기꺼이 도와줄게.

I **am worn out** by the hard work.
나는 힘든 일을 해서 지치고 말았다.

I **am worried about** my daughter who has traveled.
나는 여행 가 있는 딸이 걱정된다.

It **is wrong with** my car.
차가 고장났다.

부분 부정이 되는 것에 주의.

all at once ①	돌연
all at once ②	동시에
all but	거의
(be) all ears	귀 기울이다, 경청하다
(be) all eyes	전 신경을 눈에 집중해서
all in	피로한, 지친
all in all	더 중요한 것
all (the) more ~ because	~이므로, 그만큼 한층 ~이다

Then **all at once** came a heavy rain.
그러자 돌연 무시무시한 호우가 덮쳐왔다.

We were happy and sad **all at once** to hear the news.
그 뉴스를 듣고 우리들은 반갑기도 하고 슬프기도 했다.

I was **all but** drowned.
나는 하마터면 물에 빠질 뻔했다.

Children **are all ears** to their mother's fairy tales.
아이들은 엄마의 옛날이야기에 한마음으로 귀를 기울이고 있다.

The boy **was all eyes** at the magic show.
그 소년은 눈을 크게 뜨고 마술을 보았다.

The horse was **all in** after pulling the wagon.
화물차를 끄는 말은 완전히 지쳐 있었다.

She is **all in all** to him
그녀는 그에게 가장 소중한 사람이다.

We were **all (the) more** delighted **because** we had not expected it.
예기치 않았던 일이라 그만큼 더 기뻤다.

all of a sudden	돌연, 갑작스럽게
all one's life	죽을 때까지
all over the world	전 세계에서
all smiles	활짝 웃는
all the 비교급 for	～때문에 한층
all the more	점점
all the same ①	아주 같은, 아무래도 좋은
all the same ②	그래도, 그러나

All of a sudden an accident happened.
갑자기 사고가 났다.

I shall be grateful to you **all my life**.
당신의 은혜는 평생 잊지 않겠습니다.

English is a world language spoken **all over the world**.
영어는 전세계에서 쓰는 세계어이다.

They were **all smiles**.
그들은 모두 활짝 웃고 있었다.

It was **all the funnier for** your way of talking.
너의 말투 때문에 더 우스웠어.

All the more I admired him.
나는 점점 그에게 감동했다.

It's **all the same** to me whether they come or not.
그들이 오거나 말거나 나는 상관없다.

He is a bit impolite, but I like him **all the same**.
그는 조금 무례하지만 그래도 나는 그가 좋다.

all the way ①

도중에, 줄곧

all the way ②

멀리서

all too

너무나 ~하다

as

전치사, 접속사로 사용되는 경우가 많지만 관계대명사로도 사용되고 용법도 다양하다. 또 관용표현도 많으므로 문맥에서 그 용법을 확인하는 것이 중요하다.

as ~ as ever

더할 나위 없이, 변함 없이

as ~ go

~로서는

as a matter of course

당연한 것이기는 하지만

I had to keep standing in the train **all the way** to Nagoya.

나고야까지 가는 동안 계속 서 있어야 했다.

My aunt came **all the way** from L.A. to see us.

아주머니는 멀리 로스엔젤레스에서 우리를 보러 오셨다.

She worked **all too** hard.

그녀는 너무나도 열심히 일을 했다.

Her apple pie is **as** good **as ever**.

그녀가 만든 애플파이는 더할 나위 없이 맛있다.

This book is pretty good, **as** mysteries **go**.

이 책은 추리소설로서는 상당히 재미있다.

As a matter of course, you should abide by your parents.

당연한 것이지만 부모님 말씀에 따라야 한다.

as a matter of fact	사실을 말하면, 실제 문제로서
as a rule	통상, 언제나
as compared with	(～에) 비하면
as far as ~ is concerned	(～에) 관한 한
as far as I am concerned	나에 관한 한
as follows	다음과 같이
as for	(～은) 어떤가 하면
as for me	나에게 있어서는

As a matter of fact, you should study hard now.
사실을 말하면, 당신은 지금 열심히 공부해야 합니다.

My mother gets up at six **as a rule**.
나의 어머니는 언제나 여섯 시에 일어나신다.

As compared with her, you should bear your bad luck.
그녀에 비하면 너의 불운 따위는 참아야 한다.

As far as he **is concerned**, this is the most diffi-cult problem.
그에 관한 한 이것이 가장 어려운 문제이다.

As far as I am concerned, I am not against you.
나에 관한 한, 당신에게 반대하지 않는다.

The cities which I'm going to visit are **as follows**; Rome, Milan, Paris….
내가 방문한 도시는 다음과 같다. 로마, 밀라노, 파리….

We all stayed at home, but **as for** him, he went swimming.
우리는 모두 집에 있었지만, 그는 어떤가 하면 수영하러 나갔다.

As for me, I don't care it.
나라면 그것을 걱정하지 않는다.

as good as	(~도) 똑같이
as good as one's word	약속을 지키다
as if to say	말하려는 것처럼
as is often the case with	(~에) 흔히 있는 일이지만
as it is[stands]	실제로 ~하니까
as it were	소위, 말하자면
as many	동수의
as many again as	배수의

As I have had my car polished, it looks **as good as** new.
세차를 했더니, 새차처럼 보인다.

You are always **as good as your word**.
너는 언제나 약속을 지킨다.

She looked **as if to say**, "That's ridiculous."
그녀는 "바보같이"라고 말할 것만 같은 표정을 지었다.

As is often the case with him, he was late for school.
그에게는 자주 있는 일이지만 그는 학교에 지각했다.

Oh, keep the window open. It's very warm **as it is**.
창은 열어 두세요. 이렇게 더운데.

He is **as it were** a grown-up baby.
그는 소위 큰 아기이다.

There were seven accidents in **as many** days.
7일간에 7건의 사고가 있었다.

This city has a population **as many again as** that city.
이 도시의 인구는 그 도시의 배가 된다.

as much as	~ 정도나(만큼)
as much as to say	~라고 말하려는 듯이
as regards (to)	~에 관해서는
as such	그러한 것으로, 그 자체로
as the case may be	경우에 따라서는
as to	(~에) 관해서는
as well	게다가
as well as	(~은) 물론 …도

Insects constitute **as much as** 70% of all animal species.

곤충은 전체 동물 종의 70%나 구성하고 있다.

She looked at me **as much as to say** I told a lie.

그녀는 내가 거짓말을 한다고 말하려는 듯이 나를 보았다.

As regards to English, he is a good speaker of it.

영어에 관해서는 그는 말하는 것이 능숙하다.

He is a scholar, and ought to be treated **as such**.

그는 학자이다, 그러므로 그러한 사람으로 대우받아야 한다.

As the case may be, I can't attend the meeting.

경우에 따라서는 나는 회의에 출석할 수 없다.

I couldn't understand the contents, **as to** his speech.

그의 연설에 관한 한 나는 그 내용을 이해할 수 없었다.

He is very handsome and has a good brain **as well**.

그는 아주 핸섬하고 게다가 머리도 좋다.

I like chicken **as well as** beef.

나는 소고기는 물론 닭고기도 좋아한다.

27개의 기본 단어로 기억하는
영어회화 idiom **180**

break

어떤 외적인 힘에 의해 (사물을) 따로따로 하여 결과적으로는 부수고 마는 혹은 간단히 (사물이) 파손되고 마는 것을 나타낸다.

break down	정신 없이 울다, 고장나다
break in	(강도 등이) 난입하다
break in on	~을 방해하다, 갑자기 습격하다
break off	(말 등을) 급히 그만두다
break one's word	약속을 어기다
break oneself of	(관계를) 끊다
break out	(화재, 전쟁 등이) 발생하다

The poor girl **broke down** upon hearing the news.
그 가련한 소녀는 그 소식을 듣고 정신 없이 울었다.

Suddenly a man **broke in** the bank.
돌연 한 남자가 은행으로 난입했다.

He **broke in on** our conversation.
그는 우리의 대화를 방해했다.

When I walked into the room, they **broke off** talking.
내가 방에 들어가니 그들은 황급히 하던 얘기를 멈추었다.

He **broke his word**.
그는 약속을 깼다.

I **broke myself of** the company with him.
나는 그와의 교제를 끊었다.

How old were you when the war **broke out**?
전쟁이 발발했을 때 당신은 몇 살이었습니까?

break with

헤어지다, 절교하다

bring

원래는 '(사람이나 사물을) 말하는 사람 쪽으로 가지고 간다, 데리고 간다' 라는 뜻으로, 방향성이 명확한 말. take의 반의어로 '데리고 간다' 는 뉘앙스도 있다.

bring ~ to mind

생각나게 하다

bring about

일으키다

bring into effect

실행하다

bring up

기르다, 가르치다

I **broke with** him.
나는 그와 절교했다.

This picture **brings** my happy school days **to mind**.
이 사진은 즐거웠던 학창 시절을 떠올리게 한다.

Careless driving **brings about** accidents.
부주의한 운전은 사고를 일으킨다.

Tom didn't want to **bring** the plan **into effect**.
톰은 그 계획을 실행에 옮기고 싶지 않았다.

Her daughters are not properly **brought up**.
그녀의 딸들은 반듯하게 교육을 받지 못했다.

call

일상회화에서는 '누군가에게 전화를 걸다', call the roll(출석을 부르다) 등으로 흔히 사용된다. 관용표현으로 Let's call it a day.(오늘은 이것으로 마치겠습니다)

call (up)	전화하다
call (사람) names	비난하다, 욕설을 하다
call ~ to mind	생각나게 하다(생각나다)
call back ①	(전화를) 다시 걸다
call back ②	되부르다
call for	요구하다, 필요로 하다
call it a day	(일 등을) 그만두다

등이 있다.

I'll **call** you **up** around eight this evening.
오늘 밤 8시경에 전화할게요.

They **called me names**.
그들은 나를 비난했다.

Her behavior **calls** me her life environment **to mind**.
그녀의 행동을 보면 그녀의 생활 환경을 알 수 있다.

Call me **back** in a few minutes, will you?
2~3분 후에 다시 전화해 줄래?

I was **called back** from my holiday.
나는 휴일에 불려서 나왔다.

The situation **calls for** our cool judgement.
사태는 우리들의 냉정한 판단력을 필요로 하고 있다.

It's getting dark. Let's **call it a day**.
어두워졌다. 오늘은 이쯤 해 두자!

call off	중지하다, (약속을) 취소하다
call on	요구하다
call out	큰소리로 말하다

catch 일반적으로는 '~을 쫓아가서 잡다', '따라잡다' 등의 뜻이지만 '사람의 눈을 끌다', '사람의 마음을 사로잡다', '인기를 얻다' 라는 뜻도 있다. 잡는 대상은 사람뿐만 아

catch hold of	붙들다
catch on to	이해하다
catch one ~ing	~하고 있는 것을 발견하다

The football game might be **called off** on account of rain.

풋볼 시합은 비 때문에 중지하게 될지도 몰랐다.

I'll now **call on** you for an answer.

이번에는 네가 답해 보거라.

She **called out** to us for help.

그녀는 우리에게 큰 소리로 도움을 청했다.

니라 추상적 · 정신적인 대상을 포함한다.

I **caught hold of** his neck.

나는 그의 목덜미를 잡았다.

I didn't **catch on to** what she was saying.

나는 그녀가 무엇을 말하고 있는 것인지 알지 못했다.

Bob's teacher **caught him scribbling** on the blackboard.

밥의 선생님은 그가 칠판에 낙서를 하고 있는 것을 보았다.

catch one's eye	눈에 띄다
catch sight of	발견하다
catch up with	따라잡다

drop

타동사로는 '~을 떨어뜨리다', '~을 내리다' 등의 의미가 있다. Please drop me a line.(한마디로 말해 주십시오). Please drop me off here.(여기서 내려

drop away	점점 줄다
drop by	잠깐 들르다
drop in	불시에 방문하다

The letter on the desk **caught my eye**.
책상 위의 편지가 내 눈에 띄었다.

The moment he **caught sight of** me, he ran away.
그는 나를 목격한 순간 달아났다.

Do you think you can **catch up with** me on the way?
도중에 나를 따라잡을 수 있다고 생각합니까?

주십시오) 등. 자동사로서는 Can you drop over to the store?(잠깐 그 가게에 들를 수 있어요?)와 같이 사용된다.

The number of students **dropped away**.
학생 수는 차츰 감소했다.

Drop by for a drink of you have time tonight.
오늘 밤 시간이 되면 한잔 하러 와.

I **dropped in** on an old friend of mine.
나는 불쑥 옛날 친구를 찾아갔다.

drop off	잠들다, 꾸벅꾸벅 졸다
drop out of	낙후하다, 탈퇴하다
drop to	문득 깨닫다, 낌새를 채다

fall

기본적으로는 '떨어지다', '넘어지다' 라는 의미. fall asleep(잠에 빠지다), fall in love(사랑에 빠지다)가 일반적이지만, Her long hair fall down over her

fall about	자지러지게 웃다
fall back on[upon]	(저축, 원조 등에) 의지하다
fall behind	(일, 지불 등이) 늦어지다

Some students **dropped off** during the long lecture.
오랜 강의에 꾸벅꾸벅 조는 학생들도 몇 명 있었다.

She **dropped out of** high school.
그녀는 고교를 중퇴했다.

Other people have not **dropped to** it yet.
다른 사람들은 아직 그것을 눈치채지 못했다.

shoulders.(그녀의 긴 머리가 어깨 위에 늘어뜨려져 있었다.) 등으로도 사용된다.

We all **fell about** to hear the story.
그 이야기를 듣고 우리는 모두 자지러졌다(넘어갔다).

We should have a friend to **fall back on**.
(막상 어려울 때) 의지할 수 있는 친구를 가져야 한다.

He **fell behind** in tax payments.
그는 세금을 제때 내지 못했다.

fall on	(공휴일이 일요일 등과) 겹치다
fall out with	싸움을 하다
fall over oneself	무리를 하다, 극단으로 흐르다
fall short	부족하다
fall short of	(기준, 기대 등에) 미치지 못하다
fall through	실패로 끝나다
fall to	(일, 싸움 등을) 시작하다

My birthday **fell on** Sunday this year.
올해는 내 생일이 일요일과 겹친다.

We have **fallen out with** each other over the education.
우리는 교육 문제로 서로 말다툼을 했다.

They all **fell over themselves** to gain prizes.
그들은 모두 상을 차지하려고 무리를 했다.

Our provisions will **fall short** unless we get there soon.
빨리 거기에 도착하지 않으면 식량이 없어진다.

The result **fell short of** their expectations.
결과는 그들의 기대에 미치지 못했다.

The project **fell through**.
그 계획은 실패로 끝났다.

I **fell to** my work soon after lunch.
나는 점심 식사 후 곧바로 업무에 착수했다.

feel

본래의 의미는 '만져 보다', '만져서 확인해 보다'. 회화에서 자주 사용되는 표현으로는 Please feel free to ask any questions.(부디 염려 마시고 아무 질문이

feel for	찾다
feel free to *do*	편하게 ~하다
feel ill at ease	(불안으로) 침착하지 않다고 느끼다
feel like ~ing	~한 느낌이 있다
feel one's way	손더듬으로 나아가다

hit

본래는 '때리다', '당황하다', '부딪치다' 라는 의미로 사용하지만, '(피해 등을) 주다' 라는 뜻으로도 자주 쓴다. The typhoon hit the Hiroshima area very

나 하세요.), How are you feeling?(기분은 어떠십
니까?) 등이 있다.

What was the boy **feeling for**?
그 소년은 더듬더듬 무엇을 찾고 있는 것입니까?

Feel free to use the telephone anytime.
언제든지 자유롭게 전화를 사용하십시오.

That shop made me **feel ill at ease**.
그 상점에서 나는 침착하지 못했다.

I **feel like eating** an apple.
나는 사과를 먹고 싶은 마음이 들었다.

The blind man **felt his way**.
그 눈 먼 사람은 손더듬으로 나아갔다.

hard.(그 태풍은 히로시마 지구에 큰 피해를 주었다.)
등. 회화 표현으로는 Let's hit the road.(여행 가자.)
등이 있다.

hit it off with	사이좋게 지내다, 타협하다
hit on[upon]	문득 생각이 떠오르다
hit the ceiling	짜증을 내다, 몹시 화내다
hit the hay	잠자리에 들다, 자다 ※hay는 '건초'의 뜻.

hold

본래의 의미는 의도적으로 어떤 일정한 상태를 유지하기 위해서 힘을 가하여 유지하여, 흐르거나 중단되는 일을 예방한다는 것이다. Hold the line, please.(전화를

hold back	당기다, 움츠리다
hold good	유효하다

I **hit it off with** the new roommate.
나는 새로운 룸메이트와 사이가 잘 맞았다.

Who **hit on** such an excellent idea?
누가 그런 멋진 생각을 해냈지?

You'll **hit the ceiling** if you are told the full truth.
만약 모든 진실이 당신의 귀에 들어가면 당신은 무척 화를 낼 것이다.

Last night he **hit the hay** later than usual.
어제 저녁 나는 평소보다 늦게 잤다.

끊지 말고 그대로 기다리십시오.) Hold the door, please.(문을 열고 들어오십시오.) 등.

Hold back your head.
머리 숙여!

This ticket **hold good** still.
이 티켓은 아직 유효하다.

hold good in	적용되다
hold on	전화를 끊지 않고 두다, 그대로 계속하다
hold one's breath	숨을 죽이다
hold one's tongue	입을 다물고 있다
hold the line	전화를 끊지 않고 그대로 기다리다
hold up	방해하다, 지연시키다

lay

물건을 '수평으로 누이다', '두다', '정렬하다' 라는 의미. 일상회화에서 사용되는 것은 Lay up some money for a rainy day.(만일의 경우에 대비하여 돈을 저축

Your case **holds good in** this rule.
당신의 경우는 이 규칙에 적용된다.

If you'll **hold on** for a moment, I'll get her on the phone.
잠깐 기다려 주시면, 그녀를 전화 있는 곳으로 불러오겠습니다.

He **held his breath**.
그는 숨을 죽였다.

I was angry with her, so I was **holding my tongue**.
나는 그녀에게 화가 나서, 입을 다물고 있었다.

Hold the line, please. I'll call him to the phone.
끊지 말고 기다리세요. 지금 그 사람을 불러올게요.

The traffic accident **held up** the cars last night.
어제 저녁 교통사고가 차량의 흐름을 더디게 했다.

해 두십시오.), He was laid off.(그는 일시 해고되었
다.) 등.

lay aside	비축하다, 따로 떼어놓다
lay by	저축하다
lay off	(노동자를) 일시 해고하다
lay out ①	투자하다
lay out ②	(도시, 정원 등을) 설계하다
lay over	도중하차하다

leave

'(사람이) 떠나다', '남기다'가 기본적인 의미. 일상회화에서는 Leave it all to me.(전부 나에게 맡겨.), All leave yet.(모두들 아직 돌아가지 않고 있다.) 등으로

We have some money **laid aside** for a rainy day.
우리는 만약의 경우에 대비해서 다소의 저금을 하고 있다.

I wonder how much to **lay by**.
얼마 정도 저금할까?

The factory had to **lay off** some employee's for a month.
그 공장은 한 달 동안, 일부 종업원을 일시 해고하지 않으면 안 되었다.

We can't **lay out** any more money for this project.
이 사업에는 더 이상 돈을 투자할 수 없다.

The city was **laid out** according to the plan.
그 도시는 계획에 따라 설계되었다.

I **laid over** at Suwon on my way to Seoul.
나는 서울로 가는 길에 수원에 들렀다.

사용된다.

leave ~ alone   상관하지 않고 내버려두다

leave ~ unfinished   미완성인 채로 남겨두다

leave for   (~로) 향해서 출발하다

leave much to be desired   유감스러운 점이 많다

leave nothing to be desired   나무랄 데가 없다

leave off   그만두다

leave out   ~을 빼다, 생략하다

We should **leave** him **alone**.
우리는 그를 혼자 남겨 놓고 떠날 것이다.

Don't **leave** your work **unfinished**.
용두사미가 되지 않게 하라.

He was just about to **leave for** Paris.
그는 마침 파리를 향해 출발하려 하고 있었다.

Your English compositions **left much to be desired**.
너의 영작문에는 유감스러운 점이 많았다.

Her beauty **leaves nothing to be desired**.
그녀의 아름다움은 나무랄 데가 없다.

It is time you **left off** your childish ways.
이제 어린애 같은 짓은 그만둘 시기라고 생각하는데.

He improved the composition by **leaving out** some words.
그는 몇 단어를 빼서 문장을 다듬었다(더 좋게 고쳤다).

look

기본적인 의미는 '사물을 자신의 시야 내에 들어올 수 있도록 하다' 즉 의식적으로 대상을 마주보고 상대를 확실히 볼 수 있도록 하는 것.

look after	보살피다
look around	둘러보다
look back on	회고하다
look down on	경멸하다, 내려보다
look (사람) in the face	사람의 얼굴을 정면으로 보다
look into	조사하다, 연구하다
look on	관찰하다

Who **looks after** the baby?
아기는 누가 볼 거지?

"Can I help you?" "No, thank you. I'm just **looking around**."
"무엇을 찾으십니까?" "아니오, 그냥 둘러보고 있습니다."

He likes to **look back on** his school days.
그는 자신의 학창 시절을 회고하는 것을 좋아했다.

George often **looks down on** John.
조지가 존을 깔보는 일이 자주 있다.

She **looked me** right **in the face** and told me what she thought.
그녀는 내 얼굴을 똑바로 보고 자신의 생각을 말했다.

The police wanted to **look into** the records.
경찰은 기록을 조사하고 싶어했다.

He **looks on** her with a favor.
그는 그녀를 호의적으로 바라본다.

look on as	~로서 생각하다, 간주하다
look out	주의하다, 조심하다
look over	훑어보다
look to	기대하다
look up	(사전 등에서 ~을) 찾다
look up to	존경하다, 올려보다
look upon[on] A as B	A를 B로 여기다

She is looked on as a first rate scientist.
그녀는 일류 과학자로 여겨지고 있다.

Look out! A car is coming.
조심해! 차 온다.

Look over your papers before you hand them in.
제출하기 전에 답안을 훑어보세요.

Don't **look to** him for help.
그의 도움을 기대하지 마라.

I **looked up** the word in the dictionary.
나는 그 단어를 사전에서 찾았다.

Every one **looks up to** George.
누구나 조지를 존경한다.

He **looks upon this role as his big chance**.
그는 이 역할을 큰 기회로 생각하고 있다.

lose

'잃다', '없애다' 의 의미. 형용사 loose(풀린, 단정하지 않은)와 혼동하지 않도록 주의해야 한다.

lose (one's) face　　면목을 상실하다

lose ground　　자신의 지위[입장]를 잃다

lose heart　　의기소침하다

lose no time in ~ing　　바로 ~하다

lose one's head　　침착함을 잃다, 당황하다

lose one's heart to[over]　　마음을 뺏기다

lose one's temper　　짜증을 내다

He **lost face**.

그는 면목을 잃었다. ※ '면목을 유지하다'는 save (one's) face

She was afraid of **losing ground**.

그녀는 자신의 지위를 잃을까 두려워하고 있었다.

I **lost heart** when I heard the news.

나는 그 소식을 듣고 낙담했다.

I **lost no time in going** to bed because I was tired.

나는 피곤해서 바로 침대에 누웠다.

I **lost my head** to hear the sad news.

그 슬픈 소식에 나는 침착함을 잃고 말았다. ※ '침착함을 유지하다'는 keep one's head

Don't **lose your heart to** such an empty dream.

너의 마음을 그런 공상에 빼앗기지 마라.

Tom often **lose their tempers** with other people.

탐은 자주 다른 사람에게 신경질을 부린다.

lose one's way	길을 잃다
lose oneself	넋을 잃다
lose oneself in	몰두하다
lose sight of	보고 있던 것을 놓치다

one

특히 주의가 필요한 것은 대명사로서 사용되는 경우이다. 이 경우는 '하나' 라는 의미가 아니고 일반적으로 '사람' 을 가리킨다.

| **one after another** | 차례차례, 잇따라 |
| **one after the other** | (두 사람, 두 개가) 번갈아, 교대로 |

We **lost our way** in the woods.
우리들은 숲 속에서 길을 잃었다.

I often **lose myself**.
나는 종종 넋을 잃는다.

He is **losing himself in** his job.
그는 일에 몰두하고 있다.

The child was crying because he **lost sight of** his mother.
그 아이는 엄마를 잃어버리고 울고 있었다.

He published his works **one after another**.
그는 잇달아 작품을 발표했다.

He called our names **on after the other**.
그는 우리의 이름을 번갈아 불렀다.

one by one   하나(한 사람)씩, 차례로

one way and another   이런저런 일로

out

'바깥으로의 방향, 위치' 이외에 '기능의 정지', '어떤 상태에서의 이탈', '발생', '완료' 등의 의미가 있다.

out of breath   숨을 헐떡이면서, 숨이 차서

out of date   시대에 뒤떨어진

out of fashion   유행에 뒤떨어진

out of mind   잊어버리고

He pointed the errors **one by one**.
그는 잘못을 하나씩 지적했다.

He was busy **one way and another** last week.
그는 지난 주에 이런저런 일로 바빴다.

He ran **out of breath**.
그는 숨을 헐떡이면서 달렸다.

The uniform of our office is **out of date**.
우리 회사의 제복은 시대에 뒤떨어졌다.

Long skirts are **out of fashion**.
롱스커트는 유행에 뒤떨어진 것이다.

The affair was **out of mind**.
그 사건에 대해서는 잊어버리고 있었다.

out of one's mind	이성을 잃고
out of order	순서가 뒤바뀌어, 난잡하게
out of place	경우가 다른, 부적당한
out of question	당연
out of sight	보이지 않는 곳에
out of the question	도저히 불가능한, 문제가 되지 않는
out of tune	곡조가 맞지 않는
out of work	실직해서

He was **out of his mind** when his brother was dead.

그는 형이 죽었을 때 이성을 잃었다.

The books were all **out of order**.

책은 모두 뒤죽박죽 되어 있었다.

Your opinion is **out of place**.

너의 의견은 적당하지 않다.

It is **out of question** that Lions will win the victory.

라이온스가 우승하는 것은 당연하다.

As soon as the boss was **out of sight**, they stopped working.

사장의 모습이 보이지 않게 되자 그들은 일을 멈추었다.

It's **out of the question** to memorize such a lot of words.

그렇게 많은 단어를 기억하는 것은 도저히 불가능하다.

She sang a song, but it was **out of tune**.

그녀는 노래를 불렀지만 그것은 곡조가 맞지 않았다.

My uncle has been **out of work** for three years.

우리 삼촌은 3년 내내 실직 상태이다.

pass

본래 '통과하다' 등의 동작을 나타내지만, 자·타동사로서 여러 의미로 발전했다.

pass away	죽다
pass by	곁을 지나다, 대강 보다
pass for	~로 통하다, 통용되다
pass over ①	지나가다
pass over ②	간과하다, 지나치다

pay

본래 '돈을 지불하다' 라는 의미지만, 일상생활 속에서 널리 사용되고 의미가 더욱 발전하여 '(채산이) 맞다' 등으로도 사용된다.

It is six years since my grandmother **passed away**.

할머니가 돌아가신 지 6년이 지났다.

I **passed by** Jim's house last night.

나는 어젯밤 짐의 집 근처를 지나갔다.

He **passed for** a man of culture.

그는 교양인으로 통한다.

She **passed over** a river.

그녀는 강을 건넜다.

He **passed over** a few pages.

그는 몇 페이지를 넘어갔다.

pay as one goes	현금으로 지불하다
pay back ①	갚다
pay back ②	앙갚음하다
pay down	(월부 등을) 할부금으로 지불하다
pay for	보상을 받다
pay lip service to	입으로만 호의를 표시하다
pay one's way	빚지지 않고 꾸려나가다
pay regard to	존중하다

I make it a rule to **pay as I go**.
나는 현금지불하는 것을 원칙으로 한다.

I **paid back** the money.
나는 그 돈을 갚았다.

He is sure to **pay** her **back** for her insults.
그는 반드시 그녀에게서 받은 모욕을 앙갚음할 것이다.

I **paid** the money **down** on my house.
나는 주택 할부금을 냈다.

He'll **pay for** what he's done.
그는 자신이 한 일의 보답을 받을 것이다.

He **pays lip service to** freedom, but is afraid of it.
그는 입으로는 자유를 지지하지만, 내심 자유를 두려워하고 있다.

The store she runs **pays its own way**.
그녀가 하고 있는 가게는 부채가 없는 경영이다.

We must **pay regard to** other cultures like ours.
우리는 다른 문화도 우리 문화와 똑같이 존중해야 한다.

play

본래 '(스포츠와 게임을) 하다'의 뜻이지만 '역을 연기하다', '연주하다' 등의 의미로도 발전했다.

play a part[role]	역할을 다하다
play a trick on	장난을 하다
play on words	재담을 하다
play truant	학교를 무단결석하다

run

'달리다', '달리게 하다'라는 본래의 의미에서 더욱 발전하여 '움직이다', '흐르다', '계속하다', '(가게를) 경영하다' 등의 의미로도 쓰이게 되었다.

run a company	회사를 경영하다

He **played an** important **part** in the research.
그는 그 연구에서 중요한 역할을 다했다.

The child always **plays a trick on** his mother.
그 아이는 언제나 엄마에게 장난을 친다.

He is good at **playing on words**.
그는 재치있게 말하는 것이 특기다.

I sometimes **played truant**, when I was a student.
나는 학창시절 가끔 학교를 무단결석했다.

His father told him to **run a company**.
그의 아버지는 그에게 회사를 경영하라고 말했다.

run away with	잘 해내다
run into	우연히 만나다
run out of	탕진하다, ~을 바닥내다
run short of	부족하다
run the risk of	위험을 초래하다

set

본래는 '두다', '정리하다' 라는 의미. 부정사와 동명사를 수반해서 '(사람에게) ~시키다' 의 용법도 중요하다.

set ~ free	해방하다

Now we are planning to **run away with**.
우리는 잘 해나갈 수 있도록 계획을 세우고 있다.

I **ran into** my teacher last Sunday.
지난주 일요일에 선생님을 우연히 만났다.

I **ran out of** money while staying in Boston.
보스턴에 머무는 동안 돈을 전부 다 써버렸다.

In Africa people are **running short of** food.
아프리카에서는 식량이 부족하다.

I was not willing to **run the risk of** catching a cold.
나는 감기에 걸릴 염려가 있는 일은 하고 싶지 않았다.

Lincoln **set** the slaves **free**.
링컨은 노예를 해방했다.

set about	착수하다, 시작하다
set by	저장해 두다
set in	시작되다
set off	출발하다
set one's heart on[upon]	~라고 생각하다

show

'보여주다' 외에도 '알리다, 나타내다, 설명하다' 등의 의미로 많이 사용된다. She showed her disappointment at the news.(그 소식에 그녀가 실망했

show around	안내해서 돌다

We **set about** a job.
일을 시작했다.

I will **set by** the money.
나는 그 돈을 저금할 것이다.

In Japan the rainy season usually **sets in** June.
일본에서는 장마철은 대개 6월에 시작된다.

They are going to **set off** on a journey today.
그들은 오늘 여행을 떠날 예정이다.

She has **set her heart on** getting a doctor's degree.
그녀는 박사학위를 따고 싶어한다.

다는 것을 알 수 있었다.)

I will **show** you **around** UCLA.
제가 UCLA를 안내하겠습니다.

show in

(손님을) 안내하다

show off

(역량 따위를) 과시하다

show one the door

(사람을) 좇아내다

show up ①

나타나다

show up ②

두드러지다

sit

본래는 '앉다' 의 의미지만 발전해서 '(앉아서) 가만히 있다', '계속 머물러 있다' 라는 의미도 된다.

sit back ①

(의자에) 깊숙이 앉다

Please, **show** her **in**.

그녀를 안내하십시오.

She always **shows off** her beauty.

그녀는 언제나 자신의 아름다움을 과시한다.

I **showed him the door**.

나는 그를 쫓아냈다.

She didn't **show up** until late that night.

그녀는 그날 밤 늦게까지 모습을 나타내지 않았다.

Her hair **showed up** against the sky.

하늘을 배경으로 그녀의 머리가 두드러지게 보였다.

He asked them to **sit back**.

그는 그들에게 의자에 깊숙이 앉으라고 말했다.

sit back ②	방관하다
sit for	(시험을) 치다
sit in (for, on, at)	참가하다
sit on[upon]	(위원회 등의) 일원이다
sit on one's hands	아무것도 하지 않고 방관하다
sit on the fence	형세를 관망하다
sit up	자지 않고 일어나 있는
sit up for	자지 않고 기다리다

I sat back and watched the turn of events.
나는 뒤로 물러앉아 일의 진행 상황을 살펴보았다.

I studied hard to **sit for** the TOEIC.
나는 TOEIC 시험을 보기 위해 열심히 공부했다.

Can I **sit in** for the conference?
회의에 참석해도 좋습니까?

I'd like to **sit on** this association.
이 협회의 일원이 되고 싶습니다.

He was confronted with difficulties, but we just **sat on our hands**.
그는 곤란에 직면했지만 우리는 그저 방관할 뿐이었다.

You should not **sit on the fence** for so long.
너무 오래 형세를 관망해서는 안 된다.

I feel sleepy today since **sat up** late last night.
어제 저녁 밤늦게까지 자지 않아, 오늘은 졸리다.

I sat up for his coming last night.
나는 어젯밤 그가 오기를 자지 않고 기다렸다.

talk

본래는 '수다를 떨다'의 뜻이었지만, 발전해서 '입에 발린 말만' 등의 뉘앙스도 있다.

talk back	말대답을 하다
talk down to	(청중 등에게) 얕보는 말을 하다
talk one into	(사람을) 설득해서 ~시키다
talk over	상담하다, 토의하다

turn

본래는 '회전하다, 회전시키다', '방향을 바꾸다, 뒤집다' 등의 의미. 뒤에 부사(구)가 이어지면 여러 가지 의미를 생기게 하고 관용표현도 풍부하게 되었다.

turn ~ upside down	상하로 완전히 뒤집히다

Don't **talk back** to your elder.
선배한테 말대답하지 마라.

She **talked down to** her listeners.
그녀는 청중들을 얕보는 식으로 말했다.

He **talked his father into** buying a new car.
그는 아버지를 설득해서 새 차를 사게 했다.

Let's **talk** it **over** here.
그 건은 여기서 상담하자.

The news **turned** the world of business **upside down**.
그 뉴스는 업계를 혼란에 빠뜨렸다.

turn a deaf ear to	귀를 기울이지 않다
turn around	방향을 바꾸다, 뒤돌아보다
turn down	거절하다
turn for the better	호전되다
turn for the worse	악화되다
turn in	제출하다
turn into	(~이) 되다
turn off	(수도, 가스, TV 등)의 꼭지를 틀어막다, 끄다

I **turned a deaf ear to** my mother's complain.
나는 엄마의 불평에 귀를 기울이지 않았다.

She **turned around** and saw that someone was following her.
그녀는 뒤를 돌아보고 누군가 그녀의 뒤를 쫓아오는 것을 보았다.

I asked for a job, but I was **turned down**.
나는 일하기를 청했지만 거절당했다.

The weather **turned for the better**.
날씨가 호전되었다.

Food shortage in this country is **turning for the worse**.
이 나라의 식량 부족은 나쁜 방향으로 가고 있다.

We have to **turn in** our reports by next Tuesday.
우리들은 이번 화요일까지 리포트를 제출해야 한다.

Water **turns into** steam when it is boiled.
물은 끓으면 수증기가 된다.

Don't forget to **turn off** all the lights before going to bed.
자기 전에 잊지 말고 전등을 전부 끄세요.

turn on	(라디오, TV 등을) 켜다
turn out	(〜이라고) 판명되다
turn over ①	전복시키다
turn over ②	물려주다
turn over a new leaf	마음을 고쳐먹다
turn to A for B	A에 B를 의뢰하다
turn up	나타나다, 오다

break

I always **turn on** the radio when I wake up.
나는 일어나면 언제나 라디오를 켠다.

The rumor **turned out** to be false.
그 소문은 거짓임이 판명되었다.

The record is finished. **Turn** it **over**.
레코드가 끝났어. 뒤집어 줘.

He **turned over** the business to his son.
그는 아들에게 사업을 물려주었다.

He **turned over a new leaf** then.
그는 그때 마음을 고쳐먹었다.

Turn to me for help if you are in a difficulty.
곤란하면 나에게 도움을 청하십시오.

You didn't expect me to **turn up** here, did you?
내가 여기에 나타날 줄 예상하지 못했죠?

write

본래는 '쓰다'의 뜻이었지만, 발전해서 '투고하다, ~에 편지를 쓰다' 등의 의미도 있다.

write a good hand　달필이다

write down　쓰다

write for　(신문 등에) 기고하다

write off　장부에서 지우다

write out　상세히 쓰다, 다 써버리다

here

부사로 사용되어 자신에게서 가까운 장소와 위치를 나타 낸다. 회화에서는 문두에 사용하면 '재 이봐', '여기에', '여기로' 등의 의미가 된다. 예를 들면 Here comes

She **writes a good hand**.

그녀는 글씨를 잘 쓴다.

Please **write down** his address.

그의 주소를 써 넣으십시오.

I have **written for** the magazine before.

나는 그 잡지에 기고한 적이 있다.

Why don't you **write off** my debt?

내 빚을 장부에서 지우는게 어때요?

I **wrote out** my report.

나는 리포트를 다 썼다.

the train.(자, 기차가 온다.), Here she comes!(어,
그녀가 온다.) 등.

Here come(s) ~

(～가) 온다

Here it is.

자, 여기.

Here's to ~!

(～을) 축하해서 건배!

how

방법, 상태, 정도, 수량, 감탄 등을 나타내고 관계부사의 용법도 있다. how to do로 써서 '～하는 방법'이라는 뜻으로 사용한다. 일상회화 속에서 중요한 역할을 한다.

How about ~?

(～은) 어떻습니까?

How come ~?

왜

How do you like ~?

(～은) 어떻습니까?

Here comes the man!
그 사람이 온다!

"Pass me the salt." "Here it is."
"소금 좀 주시겠어요?" "예, 여기."

Here's to our reunion!
우리의 재회를 축하하며 건배!

How about some coffee?
커피라도 어떠세요?

How come you didn't come?
왜 오지 않았죠?

How do you like living in New York?
뉴욕에서의 생활은 어떻습니까?

A

C

P

317

T